암웨이의 세계

아름다운사회

AMWAY 암웨이의 세계

시노하라 이사오 지음

암웨이의 세계

1판 1쇄 인쇄/1996년 05월 10일
2판 1쇄 발행/2003년 06월 25일

지은이/시노하라 이사오
발행인/박창조
발행처/아름다운사회

등록일자/1995년 7월 19일
등록번호/제5-180호

경기도 하남시 감북동 125(465-180)
대표전화/(02)488-4638 팩시밀리/(02)488-4639
홈페이지/http://www.bizbooks.co.kr
E-mail/bizbooks@naver.com

Korean Translation Copyright ⓒ 2003 by Beautiful Society Publishing Co.
Printed & Manufactured in Seoul, Korea.

이 책의 저작권은 도서출판 아름다운사회에 있습니다.
저작권법에 의해 한국 내에서 보호를 받는 저작물이므로
무단전재와 무단복제를 금합니다.

ISBN 89-89724-69-4(03320)

값 9,500원

잘못된 책은 교환해 드립니다.

머리말

사람의 마음속에 깊은 감명과 감동을 주고 심지어 인생을 변화시킬 정도로 커다란 전환점을 만들어주는 짧은 말 한 마디를 두고 우리는 '명언' 이라고 한다.

어느 날, TV를 보던 나는 젊고 아름다운 한 여성이 기자들에게 둘러싸여 인터뷰하는 장면을 보게 됐다.

"조금만 천천히 질문해 주시면 고맙겠습니다. 저는 들을 수가 없기 때문에 여러분들의 입 모양을 보고 이야기를 이해해야만 하거든요."

그녀는 밝고 아름다운 미소를 지으며 기자들을 향해 이렇게 말했다. '1994년 미스 아메리카' 로 뽑힌 해더 화이트 스톤은 어린 시절에 복용한 약의 부작용으로 청력을 잃었던 것이다.

"들을 수가 없기 때문에 언어문제로 고생이 많았겠군요."

기자들이 이렇게 질문하자, 그녀는 미소를 잃지 않고 대답했다.

"어머니는 언제나 저에게 이렇게 말씀하셨죠. '너는 미국인이란다. AMERICAN이라는 글자에서 뒤의 알파벳 4개를 보거라. 분명히 I

CAN(나는 할 수 있다)으로 되어 있지?' 저는 늘 그 말씀을 잊지 않았습니다."

I CAN!(나는 할 수 있다!)

미스 해디에게 있어서 이 말은 '최고의 명언'이었다. 그녀는 역경에 처할 때마다 항상 그 말을 떠올렸고 용기를 내어 앞을 향해 전진해 왔던 것이다. 그 결과, 늘 건강한 웃음을 잃지 않았고 미스 아메리카의 영광까지 차지하게 됐다.

마찬가지로 리치 디보스가 가장 잘 인용하는 말은 바로 'YOU CAN DO IT(하면 할 수 있다)'이다.

어느 자동차 회사의 노동자였던 리치 디보스의 아버지는 불황으로 갑작스런 해고를 경험한 뒤, 아들에게 이렇게 가르쳤다.

"누군가에게 고용되지 말아라. 네 자신만의 독립된 사업을 가져라. 타인에 의해 좌지우지되지 않는 인생을 선택해야 한다."

그런 가르침에 따라 리치는 처음부터 독립적인 사업가(Entrepreneur)의 길을 걸었고, 친구인 제이 밴 앤델과 더불어 빈손으로 사업을 시작하여 오늘날 '미국을 대표하는 굴지의 초우량 기업'을 이룩했다. 사실, 자금도 없고 경험도 부족한 상태에서 독립적으로 새로운 사업을 시작한다는 것은 쉬운 일이 아니다.

하지만 리치는 그 당시의 상황을 회상하며 이렇게 말한다.

"막상 한 발만 내딛어 보면 안 될 것은 없습니다. 어쨌든 해보겠다는 용기 그리고 하면 된다는 신념이야말로 성공의 첫째 조건입니다."

암웨이를 창업할 당시, 실제로 리치와 제이는 대규모 사업을 계획해 놓았던 것이 아니다. 하지만 그들의 용기와 신념 그리고 행동력은 사업을 눈 깜짝할 사이에 확장시켜 놓았다. 그들은 기본적으로 '좋은 비즈니스 기회를 다른 사람들에게 가르쳐주자'는 발상으로 사업을 시작했던 것이다. 그러한 출발을 증명이라도 하듯 오늘날 암웨이 경영이념 중의 하나는 '스스로의 힘으로 성공하고자 하는 모든 사람들에게 기회를 제공한다'라는 것이다.

최근, 어느 잡지에서 1,000명의 대학생들을 대상으로 '사회에 나가면 무엇이 되고 싶은가?'라는 주제로 여론조사를 실시한 적이 있다. 그 결과, 41%에 달하는 학생들(여학생 포함)이 '독립하고 싶다, 기업가가 되고 싶다'라는 의견을 보였다고 한다.

이것은 시간이 흐를수록 '직업의 안정'을 찾아보기 힘든 오늘날의 실정을 그대로 반영한 것이라고 볼 수 있다. 종신고용이나 연공서열 그리고 고정된 급여도 믿을 수 없는 시대를 살아가는 젊은이들이 스스로의 길을 열어나가는 '기업가'를 꿈꾸는 것만이 풍요로운 인생을 보장해 줄 수 있다고 느끼고 있는 것이다.

현재 직장생활을 하고 있는 샐러리맨과 직장 여성들 역시 '나는 괜찮겠지'라고 안심할 수 있는 상황은 아니다. 구조조정이 일상화되어 있고 경기불안이 만성화된 오늘날에는 기술이 꾸준히 발달하면서 일자리가 구조적으로 줄어들고 있기 때문이다. 이러한 상황에서는 새로운 수입을 얻기 위한 방법을 끊임없이 모색하지 않으면 안 된다.

안면이 있는 사람들을 만났을 때, 우리는 흔히 '안녕하십니까?' 라는 인사를 한다. 그리고 이러한 인사에는 '일상생활에 커다란 변화가 없는 것이 좋은 것' 이라는 의미가 내포되어 있다. 하지만 미국인은 'What News?' 라는 인사를 나눈다. 이것은 새로운 뉴스나 변한 것이 있는지 물어보는 것으로 이러한 인사에는 새로운 변화를 원하는 것이 느껴진다.

변화는 곧 생존과 연결된다. 우리의 삶과 관련된 모든 것이 변하고 있는 것이다. 특히 수입이나 생활방식에 있어서 우리의 변화를 주도하는 사업이 바로 '암웨이' 이다. 암웨이를 시작하면 모든 것이 변화된다. 이것을 역으로 생각해 보면 변화를 싫어하는 사람에게 있어서 암웨이는 '가까이 하기 어려운 비즈니스' 로 인식될 수도 있다는 것을 의미한다.

암웨이에는 기존의 관념이나 편견으로는 좀처럼 받아들이기 힘든 훌륭한 장점이 존재한다. 한 마디로 말해 변화를 원하고 새로운 삶을 향해 도전하기를 원하는 모든 사람들에게 평등하게 기회를 제공하는 것이다. 암웨이에서는 학력도 경험도 커다란 자금도 그리고 기술도 필요가 없다. 남녀차이도 존재하지 않고 연령제한도 없다. 심지어 신체적인 장애가 있는 사람에게도 공평하게 기회가 주어진다. 하지만 당신에게 'I CAN(나는 할 수 있다)' 이라는 적극적인 마음자세가 없다면 이 비즈니스에서의 꿈의 실현은 언제까지나 일장춘몽에 지나지 않는다.

차례

머리말 | 5

1. '자유기업' 이념이 급성장의 원동력! | 11
   - 미래가 불투명한 시대에 빛을 발하는 '자유기업' 이념

2. 사람을 생각하는 자본주의 정신 | 35
   - 자유 없이 사람들을 풍족하게 할 수는 없다

3. 모든 것을 바꿀 수 있는 기회 | 69
   - 모두 함께 누리는 성공의 기쁨(나카지마 가오루)

4. 살다보면 무슨 일이 생길지 모른다 | 103
   - 네트워크 비즈니스의 강점(고이즈미 사치오/히미꼬)

5. '취미와 이익'을 얻는 일석이조의 즐거움 | 131
   - 암웨이는 가능성이 무궁무진하다(이또 다쯔오/사요꼬)

6. 이 시대를 성공적으로 살아가는 방법 | 153
   - 예방 의학적인 사고가 생활을 지킨다(도모야 샤론/세이이치)

7. 이긴다고 믿지 않으면 이길 수 없다 | 183
   - 멘탈 매니지먼트의 사고(후지이 마사루/사또꼬)

1

'자유기업' 이념이 급성장의 원동력!

미래가 불투명한 시대에 빛을 발하는 '자유기업' 이념

격변하는 유통업

오늘날 우리는 그 어느 때보다 급속도로 빠르게 진행되는 변화의 흐름을 실감하고 있다. 물론 세상에 존재하는 모든 것은 시간의 흐름에 따라 변화하게 마련이지만, 그 속도에 있어서 지금은 과거와 비교 자체가 안 될 정도로 눈 깜짝할 사이에 이루어지고 있다.

특히 '부의 흐름'이 빠르게 이전되고 있다. 과거 산업사회에서는 새로운 발명과 아이디어를 통해 물건을 많이 만들어내는 사람이 부를 축적했으나 오늘날에는 유통업을 장악하는 사람이 부를 거머쥐고 있는 것이다.

2002년 한 해 동안, 유통업계의 화제는 단연 할인점, TV홈쇼핑, 인터넷 쇼핑 그리고 네트워크 마케팅 등 '새로운 유통 4인방'의 도약이었다. 90년대 초반까지만 해도 전국에 소재 하는 200여 개의 재래시장과 90여 개의 백화점으로 구성되는 두 업태(業態)가 지배적인 소매 업태로 자리잡고 있었지만, 90년대 중반 이후 그러한 양상은 급속도로 변하기 시작했던 것이다. E-마트 등 대형 할인점이 빠르게 성장하면서 백화점의 성장은 답보상태에 빠지고 재래시장은 크게 쇠퇴하더니 급기야 2002년을 기점으로 반세기 동안 매출액에서 유통업계 맏

형 노릇을 해 왔던 백화점이 그 자리를 대형 할인점에 넘겨줬고 2003년부터는 그 격차가 더욱 벌어지고 있다. 더불어 1988년 우리나라에 처음으로 소개된 편의점 역시 빠른 속도로 성장해 2002년 현재 5,000여 개의 업소가 골목골목까지 파고들었다.

그러나 물질적으로 이미 풍요로움을 누리고 있는 현대인들은 단순히 싸다는 이유만으로 물건을 구입하지는 않는다. 따라서 아무리 대형 할인점에서 대량구입 및 대량판매에 따른 '염가판매 철학'을 도입할지라도 값싼 상품을 사들여 판매가격을 할인해주는 것은 결국 이익률을 떨어뜨리고 경영체질을 나쁘게 하는 결과를 얻게 될 뿐이다. 물건을 싸게 파는 방식으로 이윤을 얻으려면 대량으로 판매가 이루어져야만 한다. 그런데 판매가 순조롭지 못해 이익률이 낮은 상품이 재고로 남기라도 한다면 그야말로 적자를 면하기 어려울 것이다.

일부 업체를 제외한 대부분의 대형 할인점들이 제살 깎아먹기 식의 전략으로 만성적인 부진에서 벗어나지 못하는 것이나 수많은 구멍가게가 편의점에 밀려나고 있는 것은 유통업계의 변화과정에서 보여주는 문제점의 일부라 할 수 있다.

특히 소비자의 입맛에 민감하게 반응하는 편의점의 발빠른 대응은 가히 눈부실 지경이다. 편의점은 팔리는 것과 팔리지 않는 것을 신속하게 바꿔놓는 전략으로 재고를 없애기 때문에 상품의 회전율이 높고 또한 주로 일용품이나 소모품을 취급하므로 재구매율이 높다.

하지만 편의점 중에서도 잘 되는 곳과 그렇지 못한 곳이 있다. 입

지조건이 좋지 않거나 점원의 태도가 나쁜 경우 혹은 가게가 지저분하거나 물건이 제대로 갖춰져 있지 않으면 고객의 발길이 뜸해지는 것이다.

간장이나 샴푸 한 통을 사기 위해 굳이 백화점까지 가는 사람은 거의 없다. 도시의 중심가에 있는 백화점은 너무 멀고 또한 평상복 차림으로 갈 수도 없기 때문이다. 그래서 보통은 가까운 편의점이나 슈퍼마켓을 이용한다. 그러나 바쁜 현대인에게 있어서 이러한 쇼핑은 참으로 귀찮은 일이다. 특히 가까운 곳에 편의점이나 슈퍼마켓이 없다면 더욱더 난감한 일이다. 결국 장사에 있어서 손님과 가게와의 '거리'는 상당히 중요한 포인트라고 할 수 있다.

자유기업의 이념이란?

유통업계에 불고 있는 변화의 바람 중에서 무엇보다 우리의 호기심을 끄는 것이 바로 '중간 유통단계'를 없애는 것이다.

일반적으로 볼 때, 상품이 소비자의 손에 들어오기까지는 먼저 생산자(메이커)가 제품을 제조하고 중간상인이 그 제품을 소매점으로 유통시켜 소비자가 구매하는 단계를 거치게 된다. 이러한 구조에서는 중간상인만 해도 1차 중간상인, 2차 중간상인 그리고 대리점 등이 있기 때문에 그 유통경로가 매우 복잡하고 길다. 결국 소비자는 여러 단계의 유통경로를 거쳐 상품을 구입해야 하기 때문에 비싼 값을 지불해야만 하는 것이다.

　물론 대형 할인점이나 백화점에서 중간상인을 배제하고 제조회사나 농업, 어업 등의 생산자와 직거래를 하는 경우도 많지만, 그것은 직접적으로 소비자의 이익이 되는 것이 아니라 또 다른 유통회사의 이익만 늘리는 것에 지나지 않는다.

　사실, 우리는 중간유통 단계가 너무 복잡하고 길어서 소비자들이 얼마나 피해를 보고 있는가에 대한 연구 조사 결과가 나올 때마다 '중간상인 무용론'을 들먹인다. 그리고 실질적으로 힘있는 소매업자들은 생존전략의 하나로 중간마진을 자신의 이익에 포함시키려 애쓰고 있다. 하지만 여러 단계로 거미줄처럼 얽혀 있는 유통단계를 단번에 없애기란 거의 불가능에 가까운 일이다.

　그러한 상황 속에서 중간단계를 완전히 없애고 유통업계에 새로운 '유통혁명'을 일으키며 급성장을 거듭하고 있는 기업이 있다. 그것은 바로 네트워크 마케팅의 선두주자라 할 수 있는 암웨이이다. 실제로 일본 암웨이는 1979년에 영업을 시작한 이후, '일본 베스트 100사'에 올라 있고 외국자본기업 중에서 코카콜라 다음으로 제2위의 수익을 올리고 있다.

　그리고 미국에 본사를 두고 있는 암웨이 코퍼레이션은 세계적 신용평가기관인 던 엔드 브래드 스트리트(D&B)에 의해 5A1의 평가를 받아 초우량기업임이 입증됐고 이러한 평가는 한 두 해에 그치는 것이 아니라 지속적으로 이어져오고 있다.

특히 암웨이 사업은 점포 및 설비가 필요 없고 인간중심으로 개개인의 능력을 최대한 살리는 비즈니스인 데다가 성장에 한계가 없기 때문에 그 가능성이 무궁무진하다. 또한 일반 사업처럼 사업을 위해 엄청난 자본금을 준비할 필요가 없으며 모든 사람들에게 균등한 기회가 주어지고 노력한 만큼의 대가를 받을 수 있는 비즈니스이다.

암웨이 사업을 전개하는 한 사람 한 사람의 IBO는 등록을 하자마자 이름, 주소, 전화번호, 연령, 성별 등이 컴퓨터에 입력되므로 IBO가 발주한 제품은 '언제, 무엇을, 얼마나, 누가 샀는지' 등의 모든 정보가 실시간으로 파악된다. 다시 말해 돈을 쓰면서 동시에 돈을 버는 프로슈머로서의 IBO는 자신과 관련된 모든 활동이 컴퓨터로 처리되기 때문에 실수나 혼란에 빠지는 일 없이 순조롭게 사업을 진행시킬 수 있는 것이다. 설사, 상품이 택배로 이동힐지라도 완벽한 시스템을 자랑하는 암웨이에서는 실수와 혼란없이 순조로이 진행이 된다.

창업이래, 암웨이는 자기 스스로 성공하고 싶어하는 모든 사람들에게 기회를 제공한다는 '프리 엔터프라이즈(자유기업)'의 이념을 목표로 내걸어왔다. 즉, '독립'을 희망하는 자유의 여신상이 상징하는 것처럼 '아메리카 웨이(America Way)' 야말로 암웨이의 출발점인 것이다.

연공서열이나 종신고용제가 환상이 되어 버린 지금, '직업의 안정'은 더 이상 존재하지 않는다는 사실을 깨닫게 된 많은 사람들이 미래의 꿈을 실현하기 위해 독립된 사업을 원하고 있다. 하지만 독립된 사업체를 소유한다는 것은 말처럼 쉬운 일이 아니다. 하다 못해 구멍가게를 하나 내려해도 만만치 않은 자본금이 소요되고 또한 그 사업에 대한 노하우도 필요하다.

그렇다고 방법이 전혀 없는 것은 아니다. 왜냐하면 암웨이는 적은 자금으로, 학력도 경험도 연령제한(학생과 미성년자는 제외)도 남녀차별도 없이 누구든 자유롭게 시작할 수 있는 사업이기 때문이다. 그리고 그만두고 싶으면 언제든 그만둘 수 있다. 그래서 '자유기업'이다.

그러나 암웨이 비즈니스가 모든 사람들에게 성공을 보장하는 것은 아니다.

노력하지 않는 사람은 단 한 푼의 대가도 얻을 수 없다. 반면 노력을 하면 노력한 만큼 공평하게 보상이 주어지기 때문에 노력할 자세를 갖춘 사람에게는 더 없이 좋은 기회라고 할 수 있다. 암웨이가 제공하는 것은 바로 '성공 보장'이 아니라 '성공 기회'이다.

하지만 암웨이의 진실을 알고 있는 사람은 그리 많지 않다. 그 이유 중의 하나는 사업자가 곧 소비자인 유통회사이므로 국내 어디에도 점포가 없으며 일반적인 매스컴을 통해 거의 광고를 하지 않기 때문이다. 그럼에도 불구하고 한국에서 매년 100%씩 성장하는 네트워크 마케팅 시장에서 한국 암웨이가 부동의 1위를 유지하고 있다는 것은 놀라운 일이 아닐 수 없다. 특히 한국에서 1988년에 정식으로 설립된 암웨이는 만성적 고용불안에 시달리는 사람들에게 미래의 꿈을 실현할 수 있는 기회로 인식되어 2002년 현재 회원이 120만 명을 넘어서고 있다. 이것은 암웨이가 고용불안과 구직난의 흐름 속에서 '무자본 무점포'의 소호 비즈니스로 강하게 어필되고 있기 때문이다.

제조와 판매의 일체형

암웨이는 분명 자체 제조한 제품을 유통시키지만, 그렇다고 일정한 점포 내에서 유통이 이루어지는 것은 아니다. 물론 일반적인 관점에서 보자면 상품이란 신용 있는 점포에서 구입해야만 안심이 되고 '무점포 판매'라고 하면 어딘지 모르게 꺼림칙하다고 생각하는 사람이 있을지도 모른다.

사실, '무점포 판매'에 대한 사람들의 부정적인 이미지는 매우 강하다. 왜냐하면 구입한 물건이 불량품이거나 바가지를 썼을 경우, 항변할 상대가 누구인지 알 수 없기 때문이다. 그러므로 무점포 판매에 대해 불신감을 갖는 것은 당연한 일인지도 모른다. 하지만 암웨이의 제품유통은 '무점포 판매'라기보다는 '생산자 직판'의 성격이 더 강하다.

'다이렉트 셀링(직접판매)'이라는 말에는 '생산자와 소비자가 직접 연결돼 제품의 유통이 일어나는 방법'이라는 의미가 담겨 있다. 이 경우, 소비자는 생산자에 직접 주문을 하고 생산자는 소비자에게 직접 제품을 전달한다. 그렇기 때문에 '다이렉트'이고 또한 점포가 필요 없는 '무점포 판매'이다.

그러나 일반적인 '무점포 판매'와 '방문판매'는 네트워크 마케팅에 의한 암웨이의 무점포 판매와 그 내용이나 방법이 전혀 다르다.

사실, 암웨이는 제조회사인 동시에 최종소비자까지 제품이 전달될 수 있도록 유통시스템을 갖춘 보기 드문 회사이다. 어떤 소매업이든 스스로 거대한 제조부문까지 갖추고 있는 회사는 거의 없다. 또한 어떤 기업도 생산자가 직접 최종 소비자에게 제품을 판매하는 전국 시스템을 구축한 회사는 없다. 우리는 일반적으로 '제조업자와 판매업자의 분리'를 상식처럼 알고 있는 것이다.

그러나 암웨이는 제조와 판매를 동시에 담당하는 독특한 경영형태로써 전 세계적으로 그 유통망을 넓혀나가고 있다.

미국 미시건주 에이다에 위치한 암웨이 코퍼레이션 본사는 약 120만 평방미터에 달하는 숲과 호수에 둘러싸여 있으며 광대한 사유지에 최신의 공장과 연구시설을 두루 갖추고 있다. 그리고 이러한 거대 기업을 창업한 두 사람 중에서 제이 밴 앤델 회장은 전미상공회의소 회장 등을 역임했고 리치 디보스 전 사장 역시 전미제조업자협회 회장 등을 역임한 미국 재계의 거물들이다.

암웨이의 기업이념 중의 하나는 '신속, 안전, 정확'을 목표로 유통기구를 구축하는 것이다.

실제로 사업을 전개하는 사람에게 있어서 무엇보다 커다란 문제는 '재고'이다. 재고를 갖고 있으면 그만큼 자본이 줄어들고 또한 재고품을 쌓아둘 공간을 마련해야만 한다. 게다가 순조롭게 사업이 진행되지 않아 남게 된 제품이 반품되지 않는다면, 불량재고가 되어 그만큼 손해를 보지 않으면 안 된다. 하지만 한국 암웨이의 경우에는 사업자가 상품을 전화 혹은 팩스, 그밖에 여러 통신채널을 통해 주문을 하면 늦어도 3일 이내에 제품이 도착되는 시스템이 구축돼 있다. 따라서 사업자는 구태여 여분의 재고를 안고 있을 필요가 없다.

설사 재고를 떠안게 되었더라도 얼마든지 반품이 가능하므로 재고부담에 시달리는 일은 없다. 특히 인터넷이 발달한 요즘에는 가상공간 내에서 하루 24시간 내내 사업을 전개할 수 있으며 사업자가 자신에게 적당한 방법으로 언제 어느 때든 발주할 수 있는 시스템이 가동되고 있다.

100% 고객만족보증제도

암웨이는 일반적인 기업이나 소매점과 달리 '100% 고객만족보증제도'를 실시하고 있다. 따라서 소비자나 사업자가 제품에 만족을 느끼지 못한다면 언제든 제품을 반품 혹은 교환할 수 있다. 만약 일반 기업에서 이러한 제도를 실천한다면 아마도 존립 자체가 힘든 회사도 있을 것이다. 끊임없이 반품이 밀려들 수도 있기 때문이다. 그러나 암웨이의 제품은 품질이 뛰어나고 소비자가 만족할 정도로 우수성을 자랑하기 때문에 반품이 거의 없다.

특히 스스로 소비자임과 동시에 독립된 사업자로서 소매의 권리를 갖고 있는 암웨이 IBO는 전국적으로 수십 만 명을 넘어섰으며 이들은 회사와 동등한 계약관계에 있으므로 제품에 대한 여러 가지 의견을 주저 없이 회사에 제시할 수 있다. 그리고 암웨이는 소비자인 동시에 사업자인 IBO의 살아 있는 소리를 귀담아 듣고 의견수렴을 거쳐 다음의 상품개발과 개선에 그 제안을 반영한다. 이처럼 암웨이는 늘 현장의 생생한 목소리에 귀를 기울이기 때문에 '소비자가 진정으로 원하는 제품을 잘 알고 있고' 그로 인해 신제품을 내놓아도 실패하는 일이 없다. 한 마디로 말해 처음부터 충분한 품질검사와 시장조사를 거친 후, 최고의 제품만 내놓는 것이다.

현재 한국에서 활동하는 수십 만 명의 암웨이 IBO는 '소매활동'과 더불어 비즈니스를 전달하는 '후원 활동'을 열심히 전개하고 있고 또한 신규 사업자에 의해 신규 사업자를 개척해 나가는 것이 자신의 비즈니스 발전으로 이어진다는 것을 잘 알고 있으므로 지속적으로 암웨이 IBO는 꾸준히 증가할 것이다.

차별화 된 '품질제일주의'

암웨이 제품의 특징은 주로 일상생활용품을 취급한다는 것과 타사에 비해 품질이 매우 뛰어나다는 점에 있으며 그것을 분류해 보면 몇 개의 범주로 나눌 수 있다.

① 뉴트리라이트
건강보조식품
② 아티스트리
기초 및 색조 화장품
③ 토니 앤 타나
색조화장품
④ 퍼스널 케어
헤어제품, 구강용제품, 바디케어 등
⑤ 홈케어
세탁용제품, 주방용제품 등
⑥ 홈테크
정수기, 공기청정기, 퀸쿡웨어 등
⑦ 원포원
가전제품, 화장지, 커피, 김치 등
⑧ 파트너샵
브라운, 동양매직, 네오피시, 무크 등

⑨ 하이퍼스토어

건강, 교육, 도서, 컴퓨터, 꽃 등

⑩ 각종 선물세트

물론 암웨이는 '암웨이의 특색을 유지하고 타사 제품과의 차별화로 충분히 경쟁할 수 있는 제품'이라면 앞으로도 얼마든지 제품의 종류를 늘려 나갈 것이다. 이것은 곧 '품질제일주의'를 실현할 수 있다면 어떤 일상용품이든 암웨이 네트워크를 통해 국내외 판매할 수 있다는 의미이다.

실제로 암웨이는 전 세계적으로 환경문제가 대두되기 전인 창업 당시부터 환경에 좋은 제품을 제공해 왔다. 암웨이의 세제는 생분해성(Bio-degradable)이기 때문에 자연에서 물과 탄소가스로 분해돼 강과 바다를 덜 오염시키는 것이다. 게다가 농축형으로 만들어져 사용량이 극히 적으므로 그 자체만으로도 귀중한 자원의 이용을 줄이는 셈이 된다.

언젠가 타사의 세제에 '인'이 들어있다는 것이 밝혀져 논란거리가 된 적도 있지만, 암웨이 세제는 처음부터 '인'이 들어가지 않았다.

특히 암웨이의 정수기는 지금도 폭발적인 인기를 끌고 있는데, 이것은 타사와 뚜렷하게 차별화 된 제품 중의 하나로 압축 활성탄 필터 등을 사용하여 미국에서 특허를 받은 4층 구조 필터와 자외선램프를

조합한 뛰어난 제품이다. 그 우수성은 국제적 인정기관인 NSF 인터내셔널의 까다로운 기준을 아무런 어려움 없이 통과한 것을 보면 충분히 알 수 있다.

하지만 지금까지 개발된 암웨이의 제품은 시작에 지나지 않는다. 앞으로 개발될 제품들은 지금까지와는 비교도 되지 않을 정도로 무궁무진한 것이다. 실제로 암웨이의 본고장인 미국에서 취급하는 암웨이 제품은 7,000여종(한국에서의 제품은 564여종)에 달한다. 제품 카탈로그에는 티슈, 부엌용 휴지, 종이기저귀, 생리용품, 알루미늄 호일, 쓰레기용 비닐 팩, 면도기, 애완용품, 과자, 인스턴트식품, 커피, 홍차, 주스, 조미료, 연필을 비롯한 필기류, 노트, 팩시밀리 용지, 조리기구, 다리미와 TV 등의 가전제품, 가구, 슈트부터 속옷까지의 의류, 장난감, 카메라, 필름 등 일상생활에 사용되는 거의 모든 제품들이 망라되어 있다. 한 마디로 말해 사람들이 일상에서 사용하는 제품을 거의 모두 취급하고 있는 것이나.

미국 암웨이에서는 하다 못해 전화를 걸기만 해도 IBO 포인트로 이어진다. 암웨이가 통신회사인 MCI와 제휴를 맺고 있기 때문에 MCI를 이용해 전화를 걸면 그 요금에 상당하는 포인트가 보너스로 계산되는 것이다. 또한 코카콜라와도 제휴를 맺고 있어 암웨이 IBO는 자신의 소비자에게 코카콜라의 자판기를 빌려줄 수도 있다. 그리고 '암웨이 VISA카드'도 발행되어 국내는 물론이고 국외의 어디에서든 그 카드를 이용하면 그것이 포인트가 되어 자신의 보너스로 돌아온다. 게다가 일단 암웨이의 IBO가 되면 ID(회원증명서)를 발급 받는데, 이것을 이용하면 힐튼호텔의 숙박료를 할인 받을 수 있다.

암웨이 사업은 국경이 없는 비즈니스이다.

이미 미국, 캐나다는 물론이고 영국, 프랑스, 네덜란드, 일본, 한국, 중국을 비롯해 전 세계적으로 뻗어나가고 있기 때문에 '암웨이의 세계에는 해가 지지 않는다'는 말이 나올 정도이다.

하지만 이것이 끝은 아니다. 암웨이는 지금 이 순간에도 세계 각국에 암웨이 비즈니스를 확대시켜 나가겠다는 성장전략을 꾸준히 실천하고 있다. 암웨이의 글로벌화에는 멈춤이 없는 것이다.

성공은 있어도 실패는 없다

암웨이 비즈니스의 커다란 특징 중의 하나는 '성공은 있어도 실패는 없다'라는 점이다. 또한 열정과 노력만으로 수입이 늘어나고 일정 단계에 이르면 생각지도 않던 소득이 발생하는 것이 암웨이의 매력이다. 즉, 돈을 버는 일은 있어도 돈을 잃는 일은 없다. 쉽게 말해 실패가 없는 것이다.

물론 이 말을 듣고 고개를 갸우뚱하는 사람이 있을지도 모른다. 세상에 그처럼 돈벌기가 쉽다면 누구나 부자가 될 것이라고 거부반응을 보일 수도 있다. 실제로 어떤 사람들은 암웨이의 시스템이 너무 좋기 때문에 믿지 못하고 경계하기도 한다.

그러나 암웨이는 사람을 속이거나 손해를 입히는 일이 없다. 암웨이에서는 '성공자'는 있어도 '실패자'는 없는 것이다. 그리고 암웨이 비즈니스에서 IBO는 독립된 사장이자 오너이다. 그러므로 암웨이 IBO는 그 누구의 간섭도 받지 않고 일하고 싶을 때 하고 싶은 만큼 일할 수 있다.

그렇다고 할당량이 주어지는 것도 아니다. 또한 반품이 되지 않는 고액의 상품을 억지로 떠 안는 일도 없다. 특히 어느 정도의 제품을 언제까지 소비자에게 전달하지 않으면 안 된다는 식의 일방적인 책임과 의무 같은 것은 아예 존재하지 않는다. 암웨이 비즈니스는 제품을 반드시 타인에게 전달하지 않아도 그것에 대한 어떠한 간섭도 존재하지 않는다.

물론 제품의 이동이 일어나지 않으면 비즈니스는 성립되지 않는다. 그리고 비즈니스가 성립되지 않으면 사업자는 돈을 벌 수 없다. 사실, 제품의 이동 없이 돈을 번다는 것은 '사기꾼'의 사당발림에 지나지 않는 것이다.

그러므로 어쨌든 제품의 이동은 일어나야 한다. 그렇다면 암웨이에서는 어떠한 방식으로 제품의 이동이 일어날까?

암웨이에서 당신은 제품을 들고 돌아다니며 판매하는 것이 아니다. 또한 점포를 구해 제품을 진열해 놓고 소비자를 맞이해야 하는 것도 아니다. 용기 있게 "한 번 사용해 보세요"라고 자신이 취급하는 제품을 함께 사용하자고 권하기만 하면 된다. 하지만 이렇게 할 수 있는 사람은 그리 많지 않다. 스스로의 자격지심에 그런 말을 쉽게 입에 올리지 못하는 것이다.

하지만 암웨이의 IBO라면 누구든 자부심을 갖지 않으면 안 된다. 당신은 지상 최고의 제품을 취급하고 있는 것이다. 자부심이 없다면 굳이 타인에게 암웨이 제품을 권할 필요는 없다. 하기 싫은 일을 억지로 할 필요는 없는 것이다. 마음에서 우러나지 않는 행동을 무리해서 하려고 하면 마음만 무겁고 효과는 없는 법이다.

사람은 누구나 하고 싶은 일을 할 때, 의욕적으로 열심히 매진하게 된다. 암웨이는 결코 당신에게 IBO로서 좀더 열심히 노력하도록 강요하지 않는다. 왜냐하면 당신이 애써 타인에게 제품을 전하려 하지 않아도 이익이 돌아오기 때문이다.

이것은 매우 중요한 부분이다.

그렇다면 어떻게 해서 이익이 발생하는가?

사실, 이익이 발생하는 원리는 매우 간단하다. 일단 당신이 암웨이의 IBO가 되면 당신이 원하는 물건을 일반 소비자보다 30%로 싼 가격에 구입할 수 있다. 그것으로 이미 당신은 일반소비자보다 30%의 이익을 보게 된다.

그리고 이렇게 도매가격으로 우수한 제품을 구입하게 된 당신은 IBO가 어떤 혜택을 누리는지 친구나 지인 혹은 가족에게 가르쳐주기만 하면 된다. 즉, '정말로 좋은 제품을 싸게 구입할 수 있다'는 정보를 제공하는 것이다. 비록 제품을 전달하려는 노력이 어렵고 힘들게 느껴지는 사람일지라도 이러한 정보를 제공하는 일은 그리 어렵게 생각하지 않을 것이다. 그리하여 그들이 IBO가 되어 당신의 그룹에 참여하면 당신 그룹의 총 매출액에 따라 암웨이로부터 보너스를 받을 수 있다.

이처럼 암웨이는 정보를 제공하고 제품을 전달하는 연쇄작용으로 사업이 확장되는 비즈니스이다.

네트워크의 힘

한 번 암웨이 제품을 사용해본 거의 모든 사람들은 암웨이 제품의 우수성을 깨닫고 또 다시 암웨이 제품을 이용하려 한다. 그들에게 "왜 암웨이 제품을 사용하는가?"라고 질문을 하면 한결같이 "품질이 너무 좋다"라고 대답한다.

암웨이 제품은 지금까지 일반 소비자들이 사용해왔던 다른 제품들과 비교해 품질 면에서 확실히 차별화를 이루고 있다. 그렇기 때문에 일상생활 속에서 당연하다는 듯이 사용해 왔던 제품들이 '이처럼 차이가 나는구나'라고 느낀 소비자들은 또 다시 암웨이 제품을 찾게 되는 것이다.

누구든 직접 사용해 본 사람들이면 일반제품과 암웨이 제품이 어떻게 차이가 나는지 쉽게 알 수 있다. 아무리 일반회사에서 광고를 퍼붓고 소비자를 현혹하더라도 일단 사용해 본 사람은 그 차이를 금방 알 수 있는 것이다.

예를 들어 암웨이 주방세제는 아무리 자주 사용해도 전혀 손이 거칠어지지 않는다. 그리고 타사의 제품보다 식기찌꺼기도 훨씬 잘 닦인다. 그렇기 때문에 물에 몇 방울을 떨어뜨려 사용해도 많은 식기를 한꺼번에 씻을 수 있다. 이것은 사용해본 사람들이 한결같이 느끼는 품질의 우수성이다. 특히 암웨이 제품을 선택한 현명한 주부들은 '음식을 담는 식기를 닦는 것이므로 안전한 제품을 사용하고 있다'고 말한다.

사용하던 물건이 수명을 다하면 우리는 으레 구멍가게나 슈퍼를 찾아간다. 물론 전화를 걸면 집까지 배달해 주기도 하지만, 비록 그렇다고 해도 가게를 이용하는 것임에는 틀림없다. 얼마 전까지만 해도 쇼핑을 즐기는 주부들은 매일매일 장바구니를 들고 시장이나 슈퍼를 찾아가는 경우가 많았다. 하지만 맞벌이 부부가 늘어나고 시간에 쫓기는 사람들이 점점 증가하면서 반찬거리를 사러 천천히 시장을 돌아다니는 사람은 찾아보기 힘들어졌다. 특히 인터넷과 TV홈쇼핑, 통신판매 등의 다양한 판매형태가 등장한 이후, 굳이 시간을 들여가며 점포를 찾아가 쇼핑을 하려는 사람들은 갈수록 줄어들고 있다.

암웨이는 피라미드가 아니다

'암웨이' 하면 사람들은 보통 '방문판매'를 떠올리지만, 사실은 그렇지 않다. 암웨이는 어디까지나 제품과 정보를 전달하는 사업이다. 즉, 집집마다 일일이 방문해 제품을 판매하는 도어 투 도어(Door to Door)가 아니고 사람과 사람 사이의 인간관계(Person to Person)를 중요시하는 커뮤니케이션 비즈니스인 것이다. 따라서 커뮤니케이션에 의해 네트워크를 얼마나 넓혀나갈 수 있느냐 하는 것이 성공의 관건이다.

물론 어떤 사람들은 '그렇게 쉬운 사업이 어디 있어?'라고 의혹의 눈길을 보내며 "어쩌면 암웨이는 피라미드인지도 몰라"라고 이야기하기도 한다. 그리고 옛 성인의 말까지 들먹이며 "군자는 위험을 가까이하지 않는다"고 역설하기도 한다.

암웨이에 대해 어떻게 생각하든 그것은 개인의 자유이다. 받아들이고 싶지 않은 사람에게 억지로 강요할 필요는 없다. 그러나 한 가지 확실한 것은 암웨이를 오해하는 사람이 많으면 많을수록 암웨이 IBO에게는 기회가 더 많아진다는 사실이다.

암웨이 비즈니스는 절대로 악덕 피라미드가 아니다. 피라미드는 법적으로 금지 또는 규제되는 위법행위이지만, 암웨이는 오랜 전통을 자랑하며 전 세계적으로 뻗어나가고 있는 합법적인 비즈니스인 것이다. 만약 암웨이가 불법 비즈니스라면 많은 선진국에서 엄청난 성장률을 기록하며 그토록 빠르게 성장할 수는 없었을 것이다.

실제로 미국에서는 연방공정거래위원회(FTC)에서 암웨이에 대해 철저하게 조사한 적이 있었다. 그리고 오랫동안 꼼꼼히 조사를 하고 난 뒤, "암웨이는 장기적으로 침체되어 있는 시장에 활력을 주었다"라고 오히려 암웨이를 지지하는 결론을 내렸다.

암웨이는 긴 시간동안 오해를 받아왔지만, 이제는 서서히 그 진실을 깨닫는 사람들이 늘어나고 있다. 적어도 암웨이 비즈니스는 피라미드가 아니라는 사실은 알고 있는 것이다.

정통 네트워크 마케팅과 피라미드 상술의 차이점

정통네트워크 마케팅과 피라미드 상술은 일반인들에게 비슷한 방식인 것처럼 보여져 많은 오해를 낳고 있다. 피라미드 상술은 본부회사와 독립된 가맹자(판매원)가 차례로 새로운 가맹자(판매원)를 끌어들여 조직의 확대를 꾀하는 것이다. 이때, 새로운 가맹자(판매원)가 지불할 가맹금의 일부나 전액 혹은 새로운 가맹자의 상품구입에 따른 매매이익을 그 사람을 끌어들인 가맹자에게 성공보수로 배분한다.

따라서 이 상법은 물건이 팔리든 그렇지 않든 관계없이 조직이 비대화되기 때문에 말단 판매원에게 재고를 떠맡기는 폐단이 발생하거나 혹은 새로운 가맹자 및 소비자에게 손해를 입히는 사례가 적지 않다. 그렇기 때문에 정부에서 '방문판매에 관한 법률'을 제정하여 엄격한 규제를 하고 있는 것이다.

그렇다면 피라미드란 과연 무엇일까? 그것은 법률적으로 '무한연쇄'라 표현되며 처음부터 상품판매를 목적으로 하지 않는 조직을 말한다. 쉽게 말해 판매활동은 거의 하지 않고 '사람 모으기'를 하는 것으로 먼저 참가한 사람이 뒤에 참가한 사람으로부터 자신이 지불한 금액보다 많은 금액을 받아내는 금전배당조직이라 할 수 있다. 그러므로 뒤에 참가한 사람일수록 많은 돈을 내야 하며 결국에는 더 이상 유지할 기반을 잃어버리고 마는 것이 바로 피라미드이다.

그렇다면 암웨이 시스템은 어떻게 다른가?

외형적으로 볼 때, '스폰서 활동'을 통해 사람에서 사람으로 전달되는 시스템은 멀티레벨마케팅이나 피라미드와 그다지 차이가 있어 보이지 않는다. 하지만 암웨이 비즈니스는 '사람 모으기 비즈니스'기 아니다.

암웨이 비즈니스는 시작할 때, 입회금이나 가입비가 없지만 멀티레벨마케팅이나 피라미드에는 부담스러울 정도의 입회비가 있다. 또한 암웨이 비즈니스에서는 제품의 이동이 있어야만 이익이 발생하게 되는데, 멀티레벨마케팅이나 피라미드에서는 조직을 확대하는 것만으로도 수익이 발생한다. 암웨이에서는 제품의 이동이 일어나지 않거나 자신의 그룹에서 새로운 IBO를 키워나가지 않는 한, 어떠한 대가도 기대할 수 없다. 다시 말해 열심히 일하면 그만한 보상을 받지만, 노력하지 않으면 단 한 푼의 보상도 얻을 수 없는 것이다.

그리고 암웨이에서는 반품제도가 철저하게 이행되므로 사업이 생각대로 진행되지 않더라도 재고에 대한 부담이 없다. 또한 상품 하나를 구입하든 50개, 100개씩 대량으로 구입하든 모든 IBO는 똑같은 가격을 지불해야 한다는 평등원칙이 적용된다.

암웨이에서는 어떠한 차별도 존재하지 않는다. 먼저 참가한 사람일지라도 뒤에 참가한 사람과 마찬가지로 구입가격은 평등하다. 또한 아무리 많은 수량을 구입해도 할인율이 적용되는 것은 아니다. 따라서 암웨이의 IBO는 자신의 능력에 맞게 물건을 구입하고 무리하지 않게 사업을 전개할 수 있다. 왜냐하면 암웨이는 '자유, 평등, 안전'을 기본으로 하는 사업시스템이기 때문이다.

AMWAY

2

사람을 생각하는 자본주의 정신

자유 없이 사람들을 풍족하게 할 수는 없다

A   M   W   A   Y

쿠바혁명이 일어났던 1959년 1월 16일, 미국 미시간주 에이다의 어느 허름한 집 지하실에서 암웨이 코퍼레이션이 시작됐다. 쿠바혁명에서 성공한 카스트로가 국민 앞에서 '사회주의를 통해 쿠바를 옛날처럼 풍족한 나라로 만들겠다'고 공약하던 그 즈음, 자유주의의 미래를 확신한 제이 밴 앤델과 리치 디보스는 적은 자본으로 자신들의 비즈니스를 시작했다.

사실, 그 당시 마르크스 레닌이 창시한 사회주의는 '세계경제의 커다란 희망'이라 불리며 자본주의를 대신할 제도로 칭송 받고 있었고 자본주의는 장기적인 경기침체로 유명무실한 존재가 되어 있었다. 그리하여 많은 노농자들은 물론이고 기업가들조차 사회주의의 도래를 불안해하면서도 일말의 기대감을 갖고 있었다.

그러나 그 와중에도 제이 밴 앤델과 리치 디보스는 자본주의의 장점을 최대로 살려낼 만한 사업 아이템을 구상하고 있었던 것이다.

"회사이름을 정할 때, 우리는 여러 가지로 생각을 했죠. 하지만 결정은 빨리 내렸습니다. 사유권과 자유기업을 전제로 하는 '아메리칸 웨이(American way=Amway)'야말로 어떤 경제나 경영시스템과 비교해 봐도 최고라는 결론을 내린 것입니다. 우리는 그 사실을 확실히 믿었습니다."

암웨이의 공동창업자 리치 디보스는 그 당시를 회상하며 이렇게 말한다.

그리고 쿠바혁명으로부터 30여년이 지난 1992년 1월 1일 마르크스 레닌이 창시한 공산주의의 이상은 너무도 어이없이 막을 내리고 말았다. 소련연방의 붕괴야말로 사회주의가 자유주의 앞에 무릎을 꿇는 순간이었던 것이다.

신기하게도 1959년의 같은 날에 미래의 성공을 꿈꾸며 함께 출발한 쿠바와 암웨이는 오늘날 우리에게 어떤 모습을 보여주고 있는가?

혁명 이후, 쿠바의 국민들은 갈수록 궁핍해졌고 사회주의에 실망한 민중들이 국가를 버리고 미국으로 도망치는 사례가 줄을 이었다. 반면, 자유기업을 표방한 암웨이는 이미 전 세계적으로 네트워크를 넓혀 수많은 사람들에게 시간적·경제적 '자유'를 안겨주고 있다.

리치 디보스는 이렇게 말한다.

"사유권은 자유의 기본입니다. 사람은 자신이 원하는 꿈을 이루고 하고 싶은 것을 할 수 있는 자유가 없으면 쇠퇴하게 됩니다. 그리고 경제적인 자유는 정치적인 자유와 뗄래야 뗄 수 없는 관계에 놓여 있습니다. 과거에 공산주의 체제를 수용했던 국가도 이제는 '시장에서 어느 정도 자유로울 수 있는가?'가 생활의 모든 영역에서 어느 정도로 자유로울 수 있느냐로 이어진다는 것을 잘 알고 있을 것입니다."

또한 리치 디보스는 자신의 저서 『더불어 사는 자본주의』에서 "자신이 원하는 곳에서 일할 자유는 모든 자유의 기초다"라고 지적한다. 불공평, 불공정한 이유로 자유가 부정되는 곳에서는 자본주의가 번영할 수 없는 것이다.

더불어 사는 것이 궁극적인 목표!

리치 디보스는 언제 어디서든 '더불어 사는 자본주의(Compassionate Capitalism)'라는 말을 자주 사용하고 있다. 물론 그가 다른 사람 앞에서 그 말을 꺼내면 '더불어 사는 자본주의라고?' 하며 빈정거리는 사람도 있다. 특히 어느 대학교수는 '자본가의 머릿속은 온통 돈을 버는 일로 가득 차 있다. 그렇다면 더불어 살지 않을수록 이익이 보다 많아지는 것이 아닌가?'라고 비꼬기도 했다.

하지만 디보스의 생각은 이러한 의견과 완전히 다르다. 그는 '이익이 아니라 더불어 사는 것이야말로 자본주의의 궁극적인 목표이다'라고 강조하는 것이다.

그는 저서 『더불어 사는 자본주의』에서 이렇게 말하고 있다.

"물론 모든 열정을 돈에만 집중한다면 일시적으로 이익을 올릴 수도 있다. 하지만 그러한 행위로 인해 함께 일하는 사람을 더욱더 힘들게 하고 더불어 이 중요한 지구에 되돌릴 수 없는 피해를 입힐 수도 있다. 무엇보다 중요한 것은 더불어 사는 것이다. 더불어 사는 것으로 인해 기업에 활기가 생기면, 이익은 자연스럽게 뒤따르게 마련이다. 그러면 생활은 윤택해지고 지구는 다시 활기를 되찾게 된다."

어쩌면 창업자의 이러한 생각이 암웨이의 성공 시스템에 고스란히 적용되었기 때문에 암웨이가 창업이래 지속적으로 성장을 지속해 온 것인지도 모른다. 실제로 암웨이의 성공열쇠는 독특하고 우수한 제품과 독자적인 성공 시스템에 있다.

또한 암웨이는 제품을 만들어낼 때, 철저하게 환경보호 측면을 중시하고 있다. '누구도 자신이 살고 있는 곳을 오염시키고 지구의 대기에 해를 끼쳐서는 안 된다' 라고 환경에 관한 사명선언문까지 있을 정도이다. 이처럼 암웨이 코퍼레이션은 대규모 소비재 메이커로써 제한된 자원과 환경을 바르게 사용하고 관리하려는 책임감을 지니고 있는 것이다.

그렇다면 현재 미국에서 굴지의 우량기업으로 손꼽히고 그 역량을 전 세계적으로 마음껏 펼치고 있는 암웨이는 어떤 역사와 전통을 갖고 있는 것일까?

암웨이의 역사는 하나의 '만남' 으로부터 시작됐다.

무엇과도 바꿀 수 없는 만남

1940년, 당시 16세였던 제이 밴 앤델과 그보다 조금 어렸던 리치 디보스는 같은 크리스천 하이스쿨에 다니고 있었다. 그때, 제이는 미시건주 그랜드 래피즈에 있는 네덜란드계의 커다란 지역공동체에서 자전거로 통학을 하고 있었는데, 어느 날 이사를 하게 돼 자전거 통학이 불가능하게 됐다. 그러자 자동차와 관련된 일을 하고 있던 제이의 아버지는 할 수 없이 제이에게 A형 포드 자동차를 사주었고 그가 자동차를 타고 학교에 도착하던 날, 그다지 친한 관계가 아니었던 리치가 그에게 다가왔다.

"나와 거래하지 않을래? 함께 통학하는 것이 어때? 그러면 내가 기름 값으로 매주 25센트씩 지불할게. 내 제안이 어때?"

제이가 새로 이사한 집과 같은 방향에 살고 있던 리치는 제이와 함께 차를 타고 다니면 통학이 편해지고 시간도 절약할 수 있을 것이라 생각하고 그런 제안을 했던 것이다. 물론 제이에게도 기름 값의 일부를 부담하겠다는 제안이 결코 나쁜 것은 아니었다. 돈을 절약하면 그만큼 용돈이 생기기 때문이다.

"좋아. 그러면 앞으로 사이좋게 지내자."

두 사람의 거래는 그 자리에서 결정됐고 그것은 훗날 암웨이 코퍼레이션이라는 거대기업으로까지 연결됐다. 지금 두 사람이 타고 있는 것은 A형 포드가 아니다. 이제는 세계적인 대기업으로 성장한 암웨이 코퍼레이션을 함께 타고 있는 것이다.

만약 리치가 차를 함께 타자는 제안을 하지 않았다면 아마도 두 사람은 지금과 같은 우정을 지속할 수도 없었을 것이고 암웨이 코퍼레이션이라는 세계적인 기업이 탄생하지도 않았을 것이다. 물론 그 당시의 두 사람이 미래의 청사진을 내다보고 거래를 한 것은 아니었다.

단순히 좀더 편하게 학교에 다니고 싶다는 생각과 용돈을 절약하겠다는 의지가 맞아떨어졌던 것이다.

그러나 그들은 매일 함께 통학을 하면서 '두 사람의 마음이 잘 맞는다'는 것을 알게 됐고 함께 있을 때, 즐거움을 느꼈기에 우정은 갈수록 깊어졌다.

리치는 종종 이렇게 말한다.

"인생에서 운명을 결정할 만큼 극적인 결단을 내려야 할 기회는 그다지 많지 않다. 하지만 아주 작은 결의와 결단이 인생의 방향을 좌우하기도 한다."

제2차 세계대전이 종결되기 직전부터 젊은 제이와 리치는 함께 장사를 하기로 결정했다. 그리고 둘 다 공군으로 복무를 했기에 비행학교와 비행기 임대를 겸한 사업을 시작하자는 결론을 내렸다. 물론 많은 우여곡절이 있었지만, 그 사업은 그런 대로 성공적이었고 어느 정도 익숙해진 그들은 그 사업을 지속하며 또 다른 사업거리를 생각해냈다. 즉, 활주로 주변에 작은 점포를 만들어 햄버거 가게를 시작했던 것이다. 그 결과는 대성공이었다.

그 후, 그들은 잘 나가던 비행기와 외식사업을 모두 다른 사람에게 넘겨주고 또 다른 꿈을 향해 도전하였다. 그동안 벌어들인 돈으로 그들은 여러 가지 모험에 나섰고 그와 동시에 경험을 쌓아 미래의 성공을 향한 초석을 다졌던 것이다.

"처음에 성공하는 것이 가장 중요하다. 그로써 성공요령을 알 수 있기 때문이다"라고 말하는 리치는 그 후의 성공은 처음에 이룩한 성공의 자신감 위에서 이루어진 것임을 강조한다.

암웨이의 탄생

1949년 8월, 제이 밴 앤델에게 먼 친척뻘 되는 아저씨가 전화를 걸어왔다.

"내가 새로운 사업을 시작했는데, 그것에 대해 이야기를 들려주고 싶구나. 지금 방문해도 되겠니?"

물론 새로운 것에 대해 호기심이 많았던 제이는 흔쾌히 승낙을 했고 리치까지 불러 함께 아저씨의 이야기를 듣게 했다. 그리고 뉴트리라이트 프로덕츠(Nutrilite Products)사가 취급하는 여러 가지 영양보조식품(푸드 프리먼트)을 판매하는 일에 대한 그들의 이야기는 밤 12시가 지나도록 계속 이어졌다. 새로운 판매방식에 대해 자세히 듣고 난 두 사람은 그 자리에서 마음의 결정을 내렸고 친척 아저씨가 돌아갈 즈음, 그들은 이미 서류에 사인을 한 상태였다.

그 당시, 뉴트리라이트 프로덕츠는 캘리포니아에 본사를 둔 회사로 직접판매에 의해 영양보조식품을 판매하고 있었다. 여기서 말하는 직접 판매는 점포를 통해 제품을 판매하는 것이 아니라, 세일즈를 담당하는 개개인의 사업자가 회사로부터 제품을 사들인 다음 그것을 소비자에게 직접 판매하는 형태를 의미한다.

그들 두 사람에게 있어서 뉴트리라이트 사업은 결코 어려운 일이 아니었다. 왜냐하면 그들 두 사람은 제품에 대해 확신을 갖고 있었기 때문이다. 실제로 뉴트리라이트의 제품은 알팔파, 파슬리, 아세로라 체리, 크레손 등 캘리포니아와 푸에르토리코의 자사농장에서 유기농법으로 재배한 신선한 야채를 그대로 농축시켜 정제화 한 것이었다.

결국 그들 두 사람의 사업은 빠른 속도로 확장됐고 마침내 뉴트리라이트에서 톱의 자리에까지 오르게 됐다. 그렇다고 그들의 사업이 늘 순조롭게 진행되었던 것은 아니었다. 한 번은 사람들을 많이 모을 생각으로 신문광고를 냈는데, 겨우 손가락으로 꼽을 만큼의 소수의 인원밖에 모이지 않았다. 그리고 그렇게 모인 몇 명의 사람들도 사실은 이미 뉴트리라이트의 일을 하고 있던 사람들로 그들의 방법을 참고하기 위해 찾아온 것이었다. 그들의 실망은 이만저만이 아니었다.

또 어떤 날에는 많은 사람들이 모일 것을 예상하고 커다란 연회장을 준비했지만, 참석한 사람은 겨우 두 명에 지나지 않았던 적도 있었다. 하지만 그들은 결코 포기하지 않았다. 어떠한 고난이 닥쳐와도 '살다보면 이런 일도 겪게 되는 것' 이라며 마음을 고쳐먹고 다음 계획을 실천에 옮겼던 것이다.

그런데 그들이 톱의 자리를 유지하며 열심히 사업을 전개하는 동안 뉴트리라이트사의 내부에서 갈등의 싹이 돋아나기 시작했다. 그 당시 제조부문과 영업부문이 서로 독립적인 회사로 운영되던 뉴트리라이트사는 그때까지의 우호적이었던 두 회사의 관계가 악화되면서 더 이상 돌이킬 수 없을 정도로 반목상태에 빠지고 말았던 것이다.

이미 뉴트리라이트에서 상당한 영향력을 갖게 된 제이 밴 앤델이 그들의 대립을 융화시키기 위해 다각도로 노력했지만, 시간이 흐를수록 그들의 관계는 더욱더 악화되어 갔다. 결국 뉴트리라이트사는 심각한 경영위기에 빠졌고 이를 극복하기 위해서는 새로운 리더를 등장시키는 방법밖에 없었다. 그 사실을 알고 있던 뉴트리라이트사의 창립자 칼 렌보그는 1959년 초에 제이 밴 앤델을 불러 이렇게 부탁했다.

"사장직을 인수해 주게. 회사를 다시 일으켜 세울 수 있는 사람은 자네밖에 없네. 자네에게 연봉 3만 달러를 지급하도록 하지."

이것은 한창 혈기왕성하던 제이에게 있어서 다시없는 기회였다. 그리하여 제이의 마음이 약간 흔들렸던 것도 사실이다. 하지만 그는 그 자리에서 경솔하게 결정하지 않았다. 그리고 아내와 리치에게 그 사실을 털어놓고 의논을 하였는데, 리치는 그 이야기를 듣고 "좋은 기회이긴 한데…… 어쨌든 네 생각대로 해"라고 말했다.

결국 제이는 리치와의 우정, 즉 긴 시간 동안의 파트너십을 보다 더 중요하게 생각했다. 그리고 리치와 제이의 우정은 뉴트리라이트사의 위기 속에서 이전보다 더욱더 강하고 단단하게 다져졌다. 그런데 한 가지 문제가 있었다. 그동안 그들 두 사람이 중심이 되어 키워온 사업자그룹이 걱정되었던 것이다. 특히 그 사업을 전업으로 해 생활해온 사람들에게 있어서 뉴트리라이트사의 불안정은 사활이 걸린 문제였다. 물론 그들 역시 리치나 제이와 마찬가지로 언제까지나 뉴트리라이트사에 의존하는 것은 위험하다는 위기감을 느끼고 있었다.

그리하여 그들은 리치와 제이가 리더십을 발휘해 새로운 대책을 세워주기를 기대했고 또한 리치와 제이에게는 그들의 요구에 부응하지 않으면 안 될 책임이 있었다.

"이제는 불안정한 뉴트리라이트사에 의존해 생활을 영위하기는 어렵게 됐다. 지금 뉴트리라이트사는 최대의 위기에 처해 있고 미래의 전망도 낙관적이지 못하다. 그러므로 우리는 나름대로 독자적인 노선을 개척하는 수밖에 없다."

1958년 여름, 이렇게 결정을 내린 제이와 리치는 그랜드 래피즈의 사업자그룹을 '아메리카 웨이 어소시에이션'이라 이름짓고 뉴트리라이트사와의 결별을 준비했다. 그리고 몇 개월이 지난 1959년, 그들은 미시간주 에이다에 있는 제이의 집 지하실에서 정식으로 '암웨이 코퍼레이션'을 발족시켰다. '암웨이'라는 회사이름은 그들의 조직인 '아메리칸 웨이 어소시에이션'이라는 이름에서 비롯된 것으로 그때까지만 해도 그들에게 미래에 대한 확신 같은 것은 없었다.

그래도 리치는 과감하게 '어쨌든 부딪쳐보자'라는 의지를 다지고 의욕적으로 새로운 사업에 뛰어들었다.

비누는 누구나 사용하는 일상생활용품!

그렇다고 그들이 아무런 생각도 없이 무모하게 새로운 사업을 시작한 것은 아니다. 그들은 늘 '네트워크 마케팅에 가장 적합한 제품은 일상적으로 사용하는 생필품'이라는 확신을 갖고 있었다. 그리고 그 중에서도 비누와 세제가 가장 전망이 밝다는 생각을 하고 있었다.

언젠가 리치는 누군가로부터 "암웨이는 왜 비누를 먼저 취급하게 됐는가?"라는 질문을 받고는 이렇게 대답했다.

"어떤 사람이든 매일 비누를 사용하기 때문이다."

현대를 살아가는 사람들 중에 의식적으로 '비누가 필요하다'고 생각하면서 비누를 사용하는 사람은 없다. 사람들은 이미 비누를 써야 한다는 것을 당연하게 받아들이고 있으며 그것을 '무의식적으로 사용'할 만큼 보편화되어 있는 것이다. 그렇기 때문에 사용하던 비누가 다 떨어지면 자연스럽게 새구입을 한다. 그리고 비누는 썩거나 상하는 일이 없으며 세일즈를 할 때, 굳이 어렵게 설명할 필요가 없는 제품이다.

암웨이에서 가장 먼저 손을 댄 것은 '프리스크(Frisk)'라 불리는 만능 액체세제였다. 당시 그들에게 세제를 개발할만한 기술도, 제품을 제조할 힘도 가지고 있지 않았다. 하지만 대량판매를 목표로 하려면 나름대로의 규모와 설비를 갖추지 않으면 안 된다. 그리하여 그들이 궁여지책으로 생각해 낸 것이 바로 우수한 제품을 만들고 있는 메이커에 제조를 의뢰하는 것이었다.

그리고 그들이 미시간주 트리튼의 작은 회사에서 만들어내던 프리스크를 제1호 제품으로 선택하게 된 계기는 그것을 사용해본 사업자 중의 한 사람이 '꽤 괜찮은 물건이다. 한 번 해보자' 라고 제안한 데 있었다. 그것이 바로 지금까지도 그 성능을 인정받고 있는 암웨이의 제1호 제품, 'L.O.C(다목적액체유기세제 : Liquid Organic Cleaning Concentrate)' 이다. 그 후, 얼마 지나지 않아 건조합성세탁용 세제인 'SA8' 이 나왔고 그 제품 역시 지금까지도 인기가 수그러들지 않고 있다.

그때, 뉴트리라이트사가 왜 위기에 처했는지를 잘 알고 있던 제이와 리치는 어떻게 해서든 위탁생산 방식에서 벗어나야 한다는 의식을 굳게 다지고 있었다. 제조와 영업이 분리되면 언제든 의견이 맞지 않게 되었을 때, 분열이 일어날 수밖에 없음을 알고 있었기 때문이다. 그리하여 제이와 리치는 암웨이가 어느 정도 경영의 안정을 찾게 되면, 생산을 위탁하던 공장을 인수해 그것을 그랜드 래피즈로 옮길 결심을 했다. '자사에서 취급하는 제품은 가능한 한 자사에서 생산한 제품으로 한다' 는 것이 그들의 경영방침이었던 것이다.

1년 후, 그들은 새로운 사무실로 옮겨가게 됐다.

제이와 리치는 에이다에서 소너플 강이 내려다보이는 언덕 위의 땅을 구입해 그곳에 두 채의 집을 나란히 짓고 그 집의 지하실을 각각 사무실과 창고로 사용했던 것이다. 하지만 사업이 번창하면서 사무실과 창고가 좁아지게 되자, 에이다에서 주유소로 사용되던 장소를 구입해 그곳으로 옮겨갔다. 그런데 그곳으로 옮겨간 지 채 2개월도 되지 않아 매출액이 급격히 늘어났고 그들은 새로운 공장을 건설했는데, 그 이듬해에는 다시 공장을 확장해야만 했다.

물론 그 이후에도 암웨이는 매년 폭발적인 성장을 이룩했고 공장, 창고, 본부 빌딩들을 차례로 건설해 나갔다. 그리하여 제이의 집 지하실에서 시작한 암웨이는 오늘날 약 104만 평방미터의 광대한 땅 위에 건설됐고 그곳에는 프리엔터프라이즈 센터를 중심으로 암웨이 제품의 제조공장 및 초현대적 설비를 자랑하는 수많은 시설들이 들어서 있다. 그리고 그랜드 래피즈는 암웨이의 눈부신 성장 덕분에 미시간주 제2의 도시로 성장하게 됐다.

그들은 암웨이를 시작한 이후에도 뉴트리라이트사와의 우호적인 관계를 지속적으로 유지하기 위해 노력했으며 '뉴트리라이트사의 사업자를 자신들 쪽으로 빼돌렸다'는 일부의 비난과 달리 그들은 조금도 비열한 방법을 취하지 않았다.

실제로 그들은 뉴트리라이트사의 사업자로 출발한지 22~23년이 지난 1972년에 뉴트리라이트사의 주식을 취득해 그 회사를 암웨이사로 흡수시켰다. 뉴트리라이트사의 영양보급식품이 얼마나 뛰어난지 잘 알고 있던 그들은 뉴트리라이트사의 경영권을 취득할 수 있는 기회를 결코 놓치지 않았던 것이다. 이후, 뉴트리라이트사는 암웨이의 100% 자회사로써 중요한 전략부문의 하나가 됐고, 그들이 취급하던 전 제품을 암웨이에서 다루게 됐다.

개인소유 회사의 강점

암웨이 코퍼레이션은 리치와 제이의 개인소유 회사이다. 따라서 회사의 발전에 대한 관심이 지대하고 멀리 장래를 내다보는 계획으로 일을 추진한다.

하지만 경영자가 오너가 아니고 주주에게 고용된 경영자는 자신이 재임할 당시의 실적에 치중하기 때문에 그 후에는 '죽이 되든 밥이 되든' 상관없다는 식으로 경영을 한다. 실적을 올리지 못하면 주주에 의해 쫓겨나기 때문이다. 그 결과, 장래를 위한 투자는 등한시하고 눈앞의 이익만 쫓게 된다. 반면, 경영자가 오너일 경우에는 중·장기에 걸친 비전을 가지고 경영을 하는 경우가 많다.

암웨이는 어디까지나 개인소유의 회사였기 때문에 창업 시부터 지금까지 일관된 경영방침을 견지하고 있다. 리치와 제이가 자동차의 바퀴처럼 서로 협력해 사업을 전개하는 한, 경영자의 방침에 대해 이래라 저래라 하고 간섭할 주주는 없는 것이다. 특히 경영자가 근시안적인 자세로 경영을 해 사업자들을 혼란에 빠뜨릴 염려도 없다. 더불어 의사결정을 신속하게 할 수 있다는 장점도 있다. 이것은 곧 문제가 발생했을 때, 신속하게 대응할 수 있다는 것을 의미한다.

하지만 주주로부터 고용된 경영자는 어떤 문제가 발생했을 때, 간부들을 모아 회의를 해야 하고 또한 주주들의 의향도 들어야만 한다. 따라서 모든 결단이 늦어질 수밖에 없다.

제이와 리치가 경영방침을 결정할 때에는 그야말로 편안하고 부드러운 분위기 속에서 진행된다. "이봐, 나는 이렇게 생각하는데 자네 생각은 어때"라는 식으로 편안한 상태에서 의견을 주고받는 것이다.

암웨이에서는 오랫동안 리치가 사장직을 그리고 제이가 회장직을 역임해 왔다. 사실, 암웨이가 작은 회사였을 때에는 그 두 가지 직책을 두 사람이 1년씩 바꿔가며 역임했다. 그러다 보니 경영상에 있어서 약간 번거로운 일이 생기게 됐고 뭔가 다른 방법이 필요하다고 느낀 리치가 어느 날 이렇게 제안했다.

"이제부터 자네가 회장직을 계속 맡아주지 않겠나? 1년마다 바꾸는 것은 좀 불편한 것 같아. 자네는 나보다 나이도 많으니까, 자네가 회장직을 맡도록 하지."

미국의 기업세계에서는 회장이 경영의 실권을 쥐고 사장은 그것을 보좌하는 입장에 놓인다. 그러므로 리치가 제이에게 계속 회장직에 있어달라고 요구해서 제이는 리치의 제안을 흔쾌히 받아들였고 이후로도 그들은 깊은 신뢰관계를 계속 유지했다. 그리고 이러한 관계는 두 사람이 부드럽고 편안한 분위기 속에서 암웨이의 경영방침을 결정하도록 해주는 바탕이 되어 주었다.

물론 두 사람의 의견이 일치하지 않을 경우도 있다. 이때, 두 사람은 결코 무리하게 결정하려 하지 않는다.

제이는 그들이 어떻게 의견을 조절하고 절충하는지에 대해 이렇게 말한다.

"두 사람 중에서 어느 한 쪽이 반대하는 문제에 대해서는 급하게 결정하지 않는 것이 우리 두 사람의 기본적인 원칙이다."

사업과 관련해 그들 두 사람이 다른 사람들 앞에서 서로 다른 의견을 주장한 적은 없다. 그것은 주위 사람들에게 나쁜 인상을 줄뿐, 결코 플러스가 되지 않기 때문이다. 또한 두 사람의 의견이 계속 평행선을 그으며 대립한 적도 없다. 문제가 발생했을 때, 그들은 서로 충분한 대화를 나누면서 타협점을 찾아내는 방식을 즐기기 때문이다.

제이와 리치

제이 밴 앤델

전미상공회의소 회장, 미국비누·세제협회 회장, 재미 네덜란드 200년제 위원회 위원장, 미·일경제관계평의회 회원 등을 역임한 제이는 네덜란드의 암스테르담에서 이민 온 이민자의 후손이다.

그를 알고 있는 많은 사람들은 그의 명석한 두뇌, 판단력, 정확한 결단력에 감탄을 금치 못하며 겸손하고 빈틈이 없는 이론가로 암웨이의 좌장의 역할을 훌륭히 소화해 냈음을 인정하고 있다.

실제로 제이는 겸손하고 조용한 인물이지만, 그의 삶은 끝없는 모험과 전진의 연속이었다. 온갖 역경을 딛고 성공자로 우뚝 선 제이는 이렇게 말한다.

"나는 어떠한 실패와 역경을 만나도 결코 동요하거나 실망하지 않는다. 나는 실패했을 때, 주저앉아 '실패했구나'라며 한숨을 쉬기보다는 '다음에는 무엇을 해야 하지?'라고 적극적인 노력을 기울여왔다. 도전정신이야말로 인생에 있어서 가장 가치 있는 정신이다. 실패를 했을 때에는 처음부터 다시 시작하면 되지 않는가!"

과거에 항공학분야를 공부하던 그는 과학자를 목표로 했지만, 이후에 철학과 문학에도 깊은 관심을 기울였으며 특히 셰익스피어에 대해 많은 연구를 했다. 또한 대단한 독서가에다가 공부벌레인 그는 노스 미시건 대학에서 명예 박사학위를 수여 받기도 했다.

리치 디보스

강연의 명수로 널리 알려져 있는 리치는 자신의 연설 '셀링 아메리카'로 많은 상을 수상했으며 직접판매협회 평위원장, 전미 제조업자협회 회장, 공화당의회지도자평의회 의장 등을 역임했고 'The Board of the National Legal Center for the Public Interest'의 회원이기도 하고 그랜드 발레 주립대학의 The Board of Control의 멤버이기도 하다. 그리고 6개의 대학으로부터 명예 박사학위를 받는 등 높은 평가를 받고 있다.

한 마디로 말해 제이가 겸손하게 '숨겨진 진주'와 같은 존재라면 리치는 세상 밖으로 빛을 발하는 '다이아몬드' 같은 존재라고 할 수 있는 것이다.

리치는 특유의 카리스마로 많은 사람들을 강렬하게 이끄는 매력을 지니고 있다. 언제나 소탈한 분위기를 풍기면서도 확신에 가득 찬 그의 말은 사람들을 강하게 끌어들이는 것이다. 그렇다고 그가 교만한 자세를 내보이는 적은 없다. 그는 대단한 재산가이면서도 그것을 결코 과시하지 않는다.

특히 강연의 명수인 리치는 편안한 느낌으로 이야기를 전달하며 청중들을 확실히 끌어들이는 기술을 가지고 있다. 그리하여 그의 연설이 끝났을 때, 청중들은 '좀더 듣고 싶다'는 생각을 갖게 된다.

1929년의 대공황 시절을 겪으며 어렵게 성장한 리치는 어린 시절에 신문팔이를 하거나 주유소에서 일을 한 적도 있다. 그러면서 '미래의 영원한 번영'을 꿈꿔왔던 것이다.

자유기업을 표방하는 암웨이는 늘 자유로운 기업행동을 추구한다. 또한 암웨이는 어떠한 기업과 경쟁을 해도 우수한 제품과 탁월한 시스템으로 절대 지지 않는다는 자신감을 갖고 있다.

활력을 낳는 자유기업제도

'아메리카 웨이(America Way)', 즉 암웨이는 말 그대로 미국식 자유주의를 추구하는 개념이다. 그런데 그 미국식 자유주의가 이제는 전 세계적으로 빠르게 전파되고 있는 것이다. 한국에서도 암웨이는 매우 빠른 속도로 성장에 성장을 거듭하고 있고 특히 일본은 세계로 진출한 암웨이 시장의 약 3분의 1 이상을 차지하고 있다. 이것은 암웨이를 창립한 제이와 리치조차도 전혀 상상할 수 없었던 초고속의 성장이다.

오늘날 많은 사람들이 '자본주의'에서 연상하는 것은 기업의 끝없는 이익추구와 갈수록 벌어지는 빈부격차이다. 쉽게 말해 '자본주의'가 단순히 욕망만을 추구하기 위한 깨끗하지 못한 사회를 지칭하는 말이 되어 버린 것이다. 공해로 인해 지구오염이 급속히 진행되는 것도 자본수의 때문이고 대중의 빈곤함노 자본주의 때문이며 선생이 없어지지 않는 것도 자본주의가 군사산업의 신장을 원하고 있기 때문이라고 주장하는 사람도 있다.

하지만 리치는 이러한 주장을 정면으로 반박한다.

"자유기업제도는 경제적 성공을 가져다주는 최대의 요인이며 이 사회를 혼미에서 다시 일으켜 세울 카드이다. 이제 우리는 다시 한 번 자유기업을 믿고 신뢰하는 것을 젊은 세대에게 가르쳐주지 않으면 안 된다. 그렇지 않으면 우리에게 미래는 없다."

자유주의와 대비되는 이념으로 사회주의, 공산주의가 있다. 그렇다면 공산주의를 채택한 구소련과 동구국가는 자유주의 국가보다 풍족했는가? 결코 그렇지 못하다. 모스크바에서는 매일같이 빵을 사기 위해 긴 행렬이 이어졌고 오늘날에도 고기를 사려면 길게 줄을 서야만 한다. 또한 구소련에서는 TV와 자동차를 구입하는 것이 하늘의 별 따기처럼 어려웠고 몇 개월 혹은 몇 년을 기다려야만 겨우 살 수 있었다.

사회주의 국가인 중국은 어떠한가? 지금 중국은 사회주의 경제로는 세계 최대의 인구를 먹여 살리고 국가를 유지하기가 어렵다고 판단했기에 자유화의 길을 걷고 있는 것이다. 하지만 자유화는 기득권자들에게 있어 자신들의 위치가 흔들리는 위험을 의미한다. 그 결과, 군대를 출동시키는 방식으로 다시 역사의 톱니바퀴를 역회전시킨 것이 바로 1989년에 있었던 '천안문사건' 이다.

이에 비해 미국은 미국식 자유주의를 통해 과거 200여년 동안 풍요로운 생활을 누려왔다. 누구나 의욕만 있으면 고등교육을 받을 수 있고 시간을 자유롭게 이용해 왔던 것이다.

자기 자신을 위해

그런데 오늘날 미국식 자유기업제도는 여러 가지 면에서 비난의 화살을 받고 있다. 특히 '부자는 더욱더 부자가 되고 가난한 사람은 더욱더 가난해지는 것이 자유기업제도이냐!' 라는 비난이 거세다. 이러한 비난에 대해 리치는 이렇게 반문한다.

"정말로 그런 것일까? 내가 자가용 제트기를 타는 것을 본 어느 젊은이가 '당신이 제트기를 타고 낭비하는 돈을 가난한 사람에게 나눠주면 가난한 사람이 적어지지 않겠느냐'고 말했다. 그 젊은이는 부자가 자신의 것을 줄이면 가난한 사람이 얻게 될 양이 늘어난다고 생각하고 있는 것이다. 하지만 이것은 틀린 생각이다. 내가 제트기를 이용하여 보다 많은 사람들에게 일을 제공한다면 어떻게 될까? 오히려 그것이 더 바람직한 자세이다. 부자가 돈을 사용하지 않는다고 하여 가난한 사람들이 부자가 되는 것은 아니다. 가난한 사람들로 하여금 풍요를 누리도록 하는 방법은 더욱더 효율적으로 일할 수 있도록 사람들에게 의욕을 주는 환경을 만드는 것이다. 기업에 대한 규제를 높이고 자유로운 활동을 제한하는 것만으로는 빈부격차나 가난을 해결할 수 없다. 오히려 기입의 자유 혹은 공정한 경생이 가능해야만 나라의 부를 늘리고 사람들이 풍요를 누릴 수 있다."

공산주의나 사회주의 사회가 자유주의 사회만큼 경제적 번영을 누리지 못한 이유는 무엇일까?

그것은 경제의 기본이 되는 토지, 공장, 설비 그리고 노동까지 생산에 필요한 모든 것이 국가의 소유이기 때문이다. '공동의 재산'이라는 것은 듣기에는 그럴 듯하지만 그것은 곧 '자신의 것'이 아니라는 의미를 내포하고 있다. 그런데 사람은 누구나 자신의 노력으로 얻은 것에 대해 무척 소중하게 생각하는 경향이 강하다.

 예를 들어 어떤 사람이 대단한 발명이나 발견을 했다고 가정해 보자.

 그러한 결과물을 얻기까지 그는 많은 시간과 노력을 투자했을 것이다. 그런데 온갖 고난을 극복하고 마침내 원하는 결과물을 얻게 되었을 때, 국가가 '수고했다. 하지만 이것은 너의 것이 아니고 국가의 것이다' 라며 빼앗아간다면 어떻게 될까? 그 사람은 두 번 다시 열심히 노력하여 뭔가를 성취하려 애쓰지 않게 될 것이다.

 사람은 누구나 자신의 소유물에 대해서는 시키지 않아도 소중하게 생각하는 마음을 갖고 있다. 하지만 자신의 것이 아닌 것에 대해서는 아무리 '소중히 하자'고 부르짖어도 그저 형식적으로 그런 척만 하게 될 뿐이다.

 예를 들어 자신이 살고 있는 집의 화장실이 지저분한데도 치우지 않는 사람은 거의 없다. 반면, 공중화장실이 더럽다고 하여 자발적으로 나서서 청소하는 사람은 찾아보기 힘들다. 이러한 차이는 공영주택과 단독주택을 비교해 보면 잘 알 수 있다.

 공영주택에 사는 사람들은 그 집이 자신의 것이 아니기에 소중히 다루지 않는다. 그렇기 때문에 그 주변이 늘 지저분하고 악취가 풍긴다. 하지만 단독주택의 경우에는 자발적으로 페인트칠을 하거나 부서진 것을 고치고 자주 손질하므로 늘 청결하다.

 암웨이가 지금까지 경이적인 성장을 기록해온 이유도 바로 이러한 자유기업의 이념을 실천해 왔기 때문이다. 암웨이는 단순히 암웨이 코퍼레이션이라는 회사만을 위한 자유기업 이념을 추구해온 것이 아니다. 암웨이 비즈니스에 참가하고 있는 사람들은 누구나 그 무엇에도 제약받지 않는 자유를 누리며 일하는 것이다. 따라서 암웨이 비즈니스에서 일하는 사람들은 누구나 암웨이라는 기업을 위해 일한다고 생각하지 않는다. 그들은 어디까지나 자기 자신을 위해 일하는 것이다. 암웨이의 IBO들은 누구나 자신의 꿈을 실현하기 위해 노력한다.

하면 된다

"인간은 빵만으로는 살 수 없다!"

이 말은 곧 빵을 먹기 위한 인생에 만족하는 사람은 없다는 것을 의미한다. 누구나 먹는 것 이상의 뭔가를 추구하거나 지금보다 나은 삶을 원하는 것이다. 물론 꿈도 희망도 모두 잃어버리고 절망에 빠져 무기력한 나날을 보내는 사람도 있겠지만, 일시적인 실패로 좌절감에 젖어 있는 사람도 꿈을 갖게 되면 다시 의욕을 불태우는 경우가 적지 않다.

꿈이 있다는 것은 정말로 멋진 일이다.

그리고 그 꿈을 실현하기 위해 도전하는 것 또한 멋진 일이다.

그런데 '꿈은 어디까지나 꿈일 뿐이다' 라는 생각으로 자신의 꿈을 포기해 버리는 사람들이 매우 많다. 포기를 하면 그것으로 끝이지만, 일단 도전을 한다면 비록 도중에 실패를 할지라도 도전한 만큼 뭔가를 얻게 된다. 따라서 스스로를 믿고 자신의 꿈을 향해 쉬지 않고 도전하는 불굴의 정신이야말로 성공의 기본적인 자세라 할 수 있다.

'하면 된다.'

이 단순 명쾌한 말은 리치 디보스가 가장 좋아하는 말이다.

그리고 그는 거의 빈손으로 시작해 오늘날 암웨이를 세계적인 기업으로 키워옴으로써 제이와 함께 '하면 된다'는 것을 몸소 보여주었다. 실제로 '하면 된다'는 것을 굳게 믿고 인내력을 발휘해 노력하면 목표를 향해 확실히 전진할 수 있다. 또한 그렇게 전진하다 보면 어느 새 그 목표에 가까이 다가와 있는 자기 자신을 볼 수 있을 것이다.

도중에 실망스러운 결과를 얻게 됐다고 해 포기할 필요는 없다. 그 자리에서 자기 자신을 돌아보고 또 다른 방법을 찾아 계속 앞으로 전진해 나아가면 된다. 그러면 그때까지의 노력은 결코 물거품이 되지 않을 것이다. 그 목표가 입학시험이든 사업이든 세계여행이든 혹은 예술활동이든 상관없다. 중요한 것은 '하면 된다'라는 강한 의지로 도전을 하면 어떠한 한계도 돌파할 수 있는 힘을 만들어낼 수 있다는 것이다.

리치와 제이는 10대 시절부터 '하면 된다'라는 강한 의식을 지니고 꾸준히 노력했다. 스스로를 믿었던 그들에게는 거칠 것이 없었던 것이다. 그리고 거의 모든 것이 그러한 신념을 바탕으로 해 이루어졌다.

어떤 일이든 그것을 피해갈 이유를 대기보다는 먼저 도전해볼 필요가 있다. 만약 도전하지 않는다면 그것은 그 상태로 끝나고 만다. 그런데 유감스럽게도 많은 사람들이 이런저런 핑계를 대다가 자신의 소중한 꿈을 그야말로 꿈으로 날려버린다.

그 이유는 무엇일까?

여기에 대해 리치는 가장 큰 원인은 '주위 사람들의 부정적이고 냉소적인 태도'에 있다고 지적한다. 뭔가 새로운 것에 도전하려는 사람에게 주위 사람들은 '그렇게 시시한 것을 하려고?', '자네가 하기엔 좀 어려울 것 같군', '너에게 맞지 않는 일이야'라고 냉소적이고 비판적인 태도를 보이는 것이다.

자신이 하고 싶어하는 일에 대해 부정적으로 말하는 사람들은 처음부터 멀리해야 한다. 꿈이 있다면 그 꿈을 실현하기 위해 용기를 가지고 실천해야 하는 것이다. 당신 자신을 믿어라. 스스로를 믿고 행동한다면 반드시 당신의 꿈을 이룰 것이다.

하면 된다. 반대로 하지 않으면 당신이 얻을 것은 아무 것도 없다.

리치 디보스와 제이 밴 앤델은 지금까지의 경험을 통해 이렇게 강조한다.

"스스로 '어렵다'고 생각하면 처음부터 지는 게임이 되지만, '하면 된다'라는 강한 신념으로 도전하면 놀라울 정도로 여러 가지를 이룰 수 있다."

지금도 리치의 사무실에는 이러한 글이 적힌 액자가 걸려 있다.

"불굴의 정신보다 나은 것은 없다. 천재적인 재능을 갖고도 그것을 살리지 못하는 사람들이 얼마나 많은가! 고등교육을 받고도 단지 그것으로 끝나는 사람들도 많이 있다. 불굴의 정신과 실천력이야말로 성공에 있어서 절대적으로 필요한 요소이다."

그 '불굴의 정신'은 곧 암웨이의 정신이고 암웨이 IBO의 기본이다. 그리고 그것이 바로 암웨이 성장의 근원이다.

창업정신을 이어받아

일본 암웨이의 대표이사이자 회장인 딕 디보스(창업자 리치 디보스의 장남)와 대표이사이자 사장인 리차드 S. 존슨 두 사람에게 암웨이의 이념 및 앞으로의 전략에 대해 물어보았다.

▶ 딕

암웨이 창업 당시 아버지는 '미국의 장래에 대해 강한 불안감을 갖고 있었다'고 합니다. 실제로 1950년대 말부터 60년대 초에는 많은 미국인들이 국가의 장래와 함께 자기 스스로의 미래에 대해서도 자신감을 잃어 가던 시대였죠. 특히 인텔리들은 '미국시장은 죽었다' 며 한숨짓고 '미래에 뭔가 선택의 여지가 있다면 그것은 아마도 공산주의일 것이다' 라는 거의 자포자기식의 사고를 갖기 시작했습니다.

암웨이는 그러한 시대적 배경 속에서 창설된 것입니다. 그렇지만 암웨이는 우수한 고품질의 제품, 고객에 대한 뛰어난 서비스를 제공하는 것을 기본으로 했고 여기에 커다란 사명감까지 있었습니다. 그 사명감은 바로 자유기업 이념을 실현하는 것으로 자유기업 시스템을 뿌리내리는 것입니다. 왜냐하면 이러한 사고방식이야말로 사람들에게 진정한 자유와 풍요로움을 제공할 수 있는 원천이라 믿었기 때문입니다.

두 분의 창업자는 자유기업 이념을 가장 중요시하고 또한 지원했던 사람들입니다. 그리고 이러한 생각에 동조하는 수많은 IBO들이 모여 자기 자신 혹은 그들 주변 사람들의 성공을 위해 비즈니스를 추진했던 것입니다.

언젠가 아버지는 '셀링 아메리카' 라는 제목으로 연설을 한 적이 있습니다.

그것은 시장시스템의 좋은 점을 강조하는 내용으로 주요 골자는 '자본주의사회에서 시장 시스템은 결코 풍족한 사람들을 위해 만들어진 것이 아니라 오히려 풍족한 사람들 밑에 있는 사람들의 생활수준을 높이기 위해 만들어진 것이다' 라는 것이었습니다.

▶ 존슨 ··

그때, 저는 감성적인 청년시절을 보내고 있었죠. 지금 생각해 보면 그 당시의 미국은 '어떻게 하면 부를 손에 넣을 수 있을까?' 혹은 '꿈을 실현할 수 있는 다른 방법은 없을까?' 그리고 '뭔가 좋은 해결책이 없을까?' 하고 자문자답을 되풀이하던 시기였던 것 같습니다. 그야말로 모두들 고민하고 있던 시기였어요. 그렇게 혼미한 상황 속에서 암웨이가 자유기업 이념을 내걸고 출현했던 것입니다.

저는 개인적으로 자유기업 이념이야말로 사회의 병리를 고치는 한 방법으로 문제해결의 열쇠가 되었다고 생각합니다. 그리고 그 이후에는 암웨이의 존재 의미가 되었죠. 몇 백만 명에 달하는 사람들이 미래에 대한 의문과 불안으로 계속 새로운 삶을 추구해온 결과, 얻게 된 해답 중의 하나가 암웨이였던 것입니다.

▶ 딕 ··

암웨이 비즈니스에서 무엇보다 중요하게 생각하는 것이 바로 IBO들입니다. 물론 시장에서는 소비자를 위해 전력을 다하는 것에 중점을 두고 있지만, 사업의 추진력은 어디까지나 IBO들이 담당하고 있기 때문입니다. 다른 기업 역시 소비자를 중요시하는 것은 마찬가지겠지만, 『포춘』지는 우리의 관점이 다른 기업과 차이가 있다고 말합니다.

미래에 대한 결의를 나타내다

세계적인 잡지 『포춘』지는 '암웨이가 미국에서 다른 어느 기업보다 예찬 받고 있는 기업'이라고 소개하고 있습니다. 특히 일반적인 기업은 높은 수익을 올려 주주들에게 많은 배당이 돌아가도록 해주면 '성공했다'고 칭송 받지만, 암웨이는 우선 소비자와 IBO 그리고 사원들을 위해 최선을 다하고 이들을 위한 목표를 실현한 후에야 주주의 뜻에 부응한다고 말합니다.

『포춘』지의 지적은 비교적 정확하다고 할 수 있습니다. 이익과 주주의 뜻은 소비자나 IBO 그리고 사원들보다 우선시 될 수 없습니다.

암웨이의 개별적인 IBO들은 암웨이사와 계약관계에 있습니다. 그들은 어디까지나 독립적인 사업자인 것입니다. 그렇기 때문에 회사에서는 IBO들에게 항상 '이해'와 '배려'하는 마음을 갖고 있습니다. 일반적인 기업에서 이처럼 사업자들을 우선시하는 경우는 거의 없을 것입니다.

법률적인 측면에서 볼 때, 회사와 IBO는 고용인과 피고용인의 관계가 아니기 때문에 회사는 IBO의 수입을 보증하지 않습니다. 이것은 매우 중요한 사항입니다. 암웨이는 IBO들에게 기회를 제공하는 것입니다. 따라서 '어떤 일을 한다면, 어느 정도의 수입을 보증 받게 됩니다'라고 말하지 않습니다. 또한 안전보장을 약속하지도 않습니다.

하지만 암웨이는 누구에게든 아무런 차별 없이 기회 그리고 미래에 대한 가능성을 제공합니다.

물론 성공은 그 사람의 노력 여하에 달려 있습니다. 바로 이 점이 IBO들 스스로 미래에 대한 꿈의 실현을 향해 열정을 불태우도록 하는 요소입니다.

암웨이는 미래를 약속하지는 않습니다. 그리고 어떠한 보증도 하지 않습니다. 다만, 많은 사람들에게 평등한 기회를 제공할 뿐입니다.

암웨이에는 나름대로 철학이 있습니다. 그것은 한 사람 한 사람이 모두 중요하며 저마다의 사명을 띠고 세상에 보내졌다는 것입니다. 모든 사람들이 특별하고 특이한 존재이며 그렇기 때문에 한 사람 한 사람은 존중받고 또한 존경할 만한 가치가 있습니다. 사회적으로 특별한 지위에 있는 사람이든 아니면 그렇지 못한 사람이든 우리는 모든 사람들을 존경합니다.

암웨이는 참으로 매력적인 비즈니스입니다. 이것은 곧 두 창업자의 공통된 가치관으로 우리는 그러한 생각을 회사 운영에 적극 반영하고 있습니다. 그리고 암웨이가 지금까지 빠른 속도로 성장할 수 있었던 결정적인 이유는 바로 IBO들이 최선을 다해 노력했기 때문이라는 점을 늘 기억하고 있습니다.

▶ 존슨 ··

세계 각지의 암웨이는 '0'으로부터 시작한 것이 아닙니다. 이미 미국 본사인 암웨이 코퍼레이션이 20여년간 닦아놓은 성공패턴과 제조공장이 있었기에 별다른 어려움이 없었습니다. 특히 암웨이라는 회사와 IBO들이 협력관계를 맺을 때, 'IBO들이 어떤 생각을 갖고 있는지' 혹은 '자기 자신과 사회의 미래에 대해 어떻게 생각하는지'를 배려했던 것이 커다란 플러스요인이었던 것 같습니다.

그리고 미국과 세계 각지에서 암웨이가 빠르게 성장하고 있었기에 IBO들은 자신의 미래에 대해 보다 강한 확신을 갖고 암웨이를 선택한 것입니다. 물론 '창업이념을 앞으로 어떻게 계승해 나갈까' 하는 문제를 안고 있기는 하지만, 암웨이에는 다른 회사에서 볼 수 없는 특이한 문화가 있고 창업자로부터 뚜렷한 철학을 이어받았기에 크게 걱정하지는 않습니다.

암웨이의 철학과 가치관은 앞으로도 계속 이어질 것입니다. 이것은 곧 암웨이의 자유기업 이념은 절대 변하지 않는다는 결의를 나타내는 것이기도 합니다.

AMWAY

3

모든 것을 바꿀 수 있는 기회

모두 함께 누리는 성공의 기쁨(나카지마 가오루)

꿈은 반드시 실현된다

처음으로 사회에 발을 내딛었을 때, 나는 '1년에 2~3회 정도는 해외여행을 갈 수 있을 만큼 돈을 벌었으면 좋겠다'는 꿈을 꾸었다. 하지만 그 당시 악기 세일즈를 하던 나에게 해외여행은 실현되기 힘든 꿈에 지나지 않았다.

그래도 나는 꿈을 가졌고 지금은 누구에게나 이렇게 말하고 있다.

"꿈은 반드시 실현됩니다. 실현된다고 확신한다면 정말로 그 꿈을 이룰 수 있습니다. 절대 포기하지 마십시오."

실제로 나는 지금 매달 '억 단위의 수입'을 벌어들이고 마음이 맞는 동료들과 함께 자주 해외여행을 다니며 과거에 실현하기 힘든 꿈이라 여겼던 생활을 하고 있다. 물론 어떤 사람들은 '그것은 당신이니까 가능한 일이다'라거나 '당신에게는 특별한 재능이 있다'라고 말한다.

하지만 진실은 그렇지 않다. 세상에는 나보다 훨씬 더 재능이 뛰어나고 우수한 인재들이 많이 있다. 문제는 비록 뛰어난 재능을 갖고 있어도 '이렇게 되고 싶다' 혹은 '저렇게 되고 싶다'라는 강한 꿈이 없기 때문에 인생을 그럭저럭 보내버린다는 점이다.

인생을 보다 풍요롭게 그리고 즐겁게 보내고 싶다는 욕망은 누구나 갖고 있을 것이다. 하지만 그 생각이 확고하지 못하면 기회가 눈앞에 다가와도 그 기회를 붙잡지 못한다.

개중에는 '나는 현재로써 만족한다' 라고 말하는 사람도 있을 것이다. 현재의 삶에 만족한다면 그것도 괜찮다. 만족하는 것은 결코 나쁜 것이 아니다. 언제나 '나는 불행하다', '이 세상은 잘못 되어 있다' 라고 마음 속에 불평불만을 안고 살아가는 것보다는 만족하는 쪽이 훨씬 더 낫다. 그러나 현재에 만족해 그 자리에 안주해 버리면 진보는 그 자리에서 멈춰버린다. 만족은 그 사람의 가능성을 정지시켜 버리는 함정인 것이다.

그렇기 때문에 나는 늘 자신의 가능성을 믿고 어떤 일에든 도전하는 삶을 권한다.

나는 어릴 때부터 무슨 일이든 긍정적으로 생각하는 편이었다. 문제를 감싸안고 끙끙 앓는 것을 싫어했으며 괴롭고 힘든 일은 금방 잊어버렸다. 그것은 내가 보다 더 흥미로운 일을 발견해 모든 신경을 그쪽에 쏟아 부었기 때문에 가능한 일이었다.

어떤 일이든 그것을 즐겁고 재미있게 추진하면 어느 순간 행운이 찾아온다고 한다. 이것은 곧 '웃으면 복이 찾아온다' 는 말과 일맥상통한다.

'운(運)' 이라는 말에는 '옮기다' 라는 뜻이 내포되어 있다. 그러므로 미래를 밝게 바라보지 않거나 해도 소용없다는 생각을 가진 부정적인 사람은 손해를 보게 되어 있다. 왜냐하면 그 반대로 생각하는 사람에게 행운이 옮겨가기 때문이다.

실제로 많은 사람들이 모처럼 찾아온 기회를 '생각이 없다' 라거나 '싫다', '나에게는 맞지 않는다' 라며 처음부터 포기해 버린다. 또한 모든 사람들이 '이것은 좋다', '이것은 반드시 성공한다' 라고 긍정하는 쪽에는 진정한 기회가 없다.

흔히 일반적인 회사에서 신제품을 출시할 때, 모든 직원들이 찬성한 제품은 성공하지 못한다고 한다. 반면, 모든 사람들의 반대를 무릅쓰고 '이것은 된다' 라는 강한 신념으로 도전한 것이 좋은 결과를 가져오는 경우가 많다고 한다.

기회를 잡으려면 귀기울여 들어라

기회라는 것은 사람이 만들어내는 것으로 여기저기에 아무렇게나 뒹구는 것이 아니다. 그렇기 때문에 사람과의 교제와 만남 그리고 다른 사람의 말을 잘 듣는 자세가 필요하다. 그것이 기회를 잡는 지름길이다.

그런데 대부분의 사람들이 타인의 말을 듣기보다는 먼저 자신의 이야기를 하고 싶어 안달을 부린다. 잘 들어주는 사람은 의외로 적다. 그래서 기회를 놓치고 만다. 기회를 잡고 싶다면 타인의 이야기에 진지하게 귀를 기울이도록 하라.

어느 날, 나는 아리마라는 여성으로부터 전화를 받았다.

"좋은 기회가 있어요. 이 비즈니스에 대해 가오루씨에게 꼭 들려주고 싶어요."

평소에도 밝고 명랑했던 그녀가 전화를 걸어 매우 흥분한 목소리로 나의 호기심을 자극했던 것이다. 그녀는 아직 여대생의 유학이 흔치 않던 시절에 미국유학을 다녀온 여성으로 영어에 능통했고 외모는 모델이 되어도 손색이 없을 정도로 아름다웠다. 다재다능한 그녀는 암웨이에 대해 '기회'라고 표현함으로써 나로 하여금 아무런 의심 없이 받아들이도록 했던 것이다.

하지만 나는 그것이 어떤 기회인지 전혀 알지 못했다. 그래서 '어떤 기회냐?'고 물었더니 그녀는 '경제적, 시간적, 정신적으로 모든 것을 변화시키는 대단한 기회'라고 말했다.

그 당시 나는 그다지 생활이 어렵지 않았고 또한 수입에 불만이 있었던 것도 아니지만, 마음 한 구석에서는 변화를 원하고 있던 터라 선뜻 그녀의 제안에 응했다.

직업이 작곡가였던 나는 내 개성을 충분히 살린 작품을 만들어내고 싶었지만, 돈이 되지 않는다는 이유로 타인의 입맛에 맞춘 곡을 만들어내고 있었던 것이다. 아무리 내가 잘 만들어진 곡이라 생각해도 그것을 누군가가 작품으로 인정해주지 않으면 팔리지 않았다. 그러한 상황이 나의 마음 속에 '변화'를 갈망하는 싹을 틔우고 있었는지도 모른다.

아리마 씨의 전화를 받고 나서 며칠이 지난 뒤에 나는 '좀더 자세히 알고 싶다'는 생각에 어느 모임에 참석했다. 그런데 그곳은 주부들로 가득차 있어 당황한 나는 '내가 잘못 짚었구나'라고 한숨을 내쉬며 잠시 앉아 있다가 나올 생각이었다. 그때, 무엇보다 나를 놀라게 했던 것은 '암웨이 비즈니스'와 '세제'라는 말이었다.

그 당시에는 사회적으로 피라미드 상법 때문에 시끄럽긴 했지만, 믿고 있던 아리마 씨가 권한 것이기에 적어도 이상한 비즈니스는 아닐 것이라고 생각했다. 그런데 고작 주부들의 부업거리밖에 안 되는 '세제'를 취급해야 한다는 사실을 알고 나서 나는 무척 실망스러웠다. 그래도 이왕 왔으니 '들어보기나 하자'라는 생각으로 열심히 듣고 있는데, 갑자기 "세제 안에 꿈이 있다. 소프 엔드 호프(Soap and Hope)"라는 말이 가슴을 파고들었다.

그 말을 들은 나는 '아, 이것은 주부들만 하는 일이 아니구나'라는 생각을 갖게 됐고 나중에는 '대단한 일이다. 나도 해야겠다'는 결론을 내렸다.

나는 간혹 사람들로부터 이런 질문을 받는다.

"암웨이 비즈니스의 최고의 매력은 무엇입니까?"

그러면 나는 이렇게 대답한다.

"하면 할수록 즐겁습니다."

이것은 사실이다. 암웨이로 인해 당신이 인생에서 원하던 모든 것을 얻을 수 있다는 것이 바로 암웨이의 매력인 것이다. 당신이 간직하고 있는 꿈은 언젠가 반드시 실현된다. 그리고 암웨이는 당신의 꿈을 실현할 수 있는 기회를 제공한다.

품질제일주의의 힘

암웨이가 이토록 빠른 속도로 성장해온 이유는 무엇일까?
무엇보다 중요한 것은 제품의 품질이 뛰어나다는 점이다. 시스템이 아무리 좋다 해도 제품의 품질이 뒷받침되지 못한다면, 지속적으로 성장하기는 어렵다. 그런데 암웨이 제품은 워낙 그 품질이 뛰어나기 때문에 한 번 사용해본 사람은 다시 그것을 쓰고 싶어한다.

미국에서는 소비자들의 재주문율이 가장 높은 회사가 바로 암웨이라고 한다. 식기세제는 물론이고 세탁세제 역시 한 번 사용해본 사람들이 다시 주문하는 비율은 암웨이가 가장 높다.

아직 암웨이 제품의 효능을 모르는 사람들은 TV광고를 보고 새로운 제품을 구입하지만, 암웨이 제품을 사용해본 사람은 다음에도 암웨이 제품을 사용한다.

암웨이 제품은 철저히 사용자의 입장을 고려해 만들어진다. 소비자와 IBO의 생생한 목소리를 듣고 현장의 제안을 제품에 반영하는 것이다. 그렇기 때문에 언제나 좋은 물건을 만들어낸다. 암웨이 제품의 우수성은 '한 번 써본 사람은 다시 그 제품을 찾는다'는 사실이 충분히 증명한다.

그래서 암웨이의 IBO들은 늘 자신감에 차 있다. 왜냐하면 자신이 써 보고 제품에 대해 확신을 갖기 때문이다.

일단 자신이 사용해보고 그 우수성을 깨닫게 되면 그것에 대해 다른 사람에게 이야기하게 된다. 이처럼 암웨이에는 타인에게 말하고 싶은 그 무엇인가가 있다.

사실, 우리는 일상생활을 하면서 알게 모르게 여러 가지 광고를 해주고 있다. 예를 들어 영화를 보고 난 다음에 아는 사람들에게 '그 영화 너무 재밌더라'라거나 음식을 먹고 난 다음 '그 집의 음식 맛이기가 막혀'라고 알려주는 것이다. 하지만 아무리 많은 사람들에게 광고를 해도 영화관이나 음식점에서 당신에게 어떤 보상을 해주는 것은 아니다.

하지만 암웨이에서는 당신이 누군가에게 암웨이 제품을 알려주어 그 사람이 암웨이 제품을 사용하게 되면 당신에게 보상을 한다. 그리고 그렇게 한 번 사용해본 사람이 또 다른 사람에게 소개를 한다면 그 사람 역시 보상을 얻는다. 이러한 방식으로 암웨이는 전 세계에서 유통혁명을 일으키게 된 것이다.

이때, 제품의 품질이 조잡하다면 아무리 시스템이 우수해도 암웨이의 성장에는 한계가 있을 수밖에 없다. 그렇기 때문에 암웨이는 늘 최고의 제품을 만들기 위해 최선을 다한다. 제품이 나쁘면 아무도 사용하려 하지 않을 것이고 제품이 움직이지 않으면 더 이상의 성장은 기대할 수 없기 때문이다.

　예를 들어 된장의 소비량이 갈수록 늘어난다고 해 암웨이가 된장을 출시했다고 하자. 그런데 그 제품의 맛이 떨어진다면 소비자는 한 번은 사먹을지라도 두 번은 사먹지 않을 것이다. 우선 아무리 사업을 잘 전개하는 IBO일지라도 자신이 먹어보았을 때, 맛이 없었다면 다른 사람에게 권하지 못한다.

　또한 암웨이에는 100% 고객만족보증제도가 있으므로 소비자가 조금 먹어보고 '맛이 없다'고 반품을 해오면 그야말로 암웨이사는 반품으로 넘쳐날 것이다. 반대로 암웨이의 된장 맛이 뛰어나고 우수하다면 몇 번이고 재주문이 들어올 것이고 그것은 입에서 입으로 광고가 되어 점점 더 많이 팔려나갈 것이다.

　소비자에게 지지 받지 못하는 제품은 오래 갈 수 없다.

　암웨이가 대단한 이유는 우수한 성공 시스템과 열정이 강한 IBO들이 있다는 점은 물론이고 여기에 더해 제품의 품질이 세계 최고 수준이기 때문이다. 무엇보다 제품이 우수해야만 다른 사람에게 권하고 싶어진다.

　특히 암웨이는 방문판매처럼 '도어 투 도어(문에서 문으로)'의 방식이 아니라 '퍼슨 투 퍼슨(사람에서 사람으로)'의 방식으로 사업이 전개된다는 특징이 있다. 예를 들어 가가호호를 방문해 "암웨이입니다. 암웨이 제품을 한 번 사용해 보십시오"라는 식으로 비즈니스가 전개되었다면 아마도 암웨이는 지금과 같은 성공을 거두지 못했을 것이다.

그렇다고 '퍼슨 투 퍼슨'이라고 해 누구에게나 권하는 것은 아니다. 정말로 절친한 사람이나 친구 혹은 아는 사람에게만 말하는 것이다. 자신이 사용해 본 것에 대한 감동을 아는 사람에게 전하는 것은 당연하고 자연스러운 행동이 아닌가! 나 역시 모르는 사람에게는 암웨이를 말하지 않는다. 아니, 말하고 싶지도 않다. 잘 알지도 못하는 사람에게 세제 이야기를 늘어놓아 보았자, 괜히 분위기만 이상해지고 인간관계만 거북해질 뿐이다.

그런데 아직도 암웨이의 이러한 진실에 대해 제대로 알지 못하는 사람들이 많은 것 같다. 그러나 이것을 역으로 생각해 보면 아직도 암웨이는 성장잠재력이 높다고 할 수 있다. 오해하는 사람이 많으면 많을수록 기회가 많은 것이다.

어쩌면 암웨이의 IBO들은 언제나 오해하고 있는 사람들을 상대하고 있는 것인지도 모른다.

암웨이를 통해 얻게 되는 것

내가 암웨이를 처음으로 시작했을 때, 일단 나의 설명을 듣고 동의한 친구가 또 다른 친구에게 암웨이를 전할 경우에는 가능한 한 내가 곁에서 많은 지원을 해주었다. 나는 암웨이의 이념과 시스템을 잘 이해했고 또한 이 비즈니스를 매우 좋아했기에 그러한 지식과 열정을 고스란히 상대방에게 전달할 수 있었던 것이다. 그러한 열정 덕분에 나를 신뢰하는 사람들은 점점 늘어갔고 더불어 함께 사업을 전개하는 동료들도 늘었다.

그리고 우리는 각자의 집에서 홈 미팅을 자주 열었고 일정한 장소를 빌려 모임을 갖기도 했는데, 그곳에서 암웨이 제품과 성공 시스템에 대해 공부를 했다. 물론 모임에는 암웨이에 대해 알지 못하는 사람도 초대됐고 그러한 자리를 통해 암웨이의 진실을 알고 나면 그들도 암웨이를 시작하는 경우가 많았다.

암웨이의 최대 매력은 '성공을 함께 나눈다'는 것에 있다. 그것은 곧 암웨이의 우수성이자 기쁨이다. 아리마 씨로부터 처음으로 암웨이에 대한 이야기를 들었을 때, 나는 '이것은 혼자서는 성공할 수 없는 사업이구나' 라는 생각을 했다.

암웨이의 성공 시스템은 '자신이 암웨이를 가르친 사람 중에서 성공자가 몇 명이나 나오느냐에 따라 수입의 크기가 달라지는 시스템'으로 이루어져 있다. 그러므로 한 사람을 성공시키는 것보다 세 사람을 성공시키면 훨씬 더 수입이 많아진다. 이것을 역으로 말하면 자신의 네트워크에서 성공자가 한 사람도 없으면 성공할 수 없다는 것을 의미한다.

결국 암웨이를 가르쳤던 사람, 즉 스폰서는 자신의 가르침을 받는 사람이 하루라도 빨리 성공하는 것이 이익이기 때문에 적극적으로 지원하고 도움을 주게 된다. 그렇게 열심히 다른 사람을 돕다보면 그것은 고스란히 자신의 성공으로 이어진다. 쉽게 말해 상대방도 성공하고 나도 성공하는 윈윈(Win-Win)게임이 성립되는 것이다. 이것이 바로 암웨이 사업의 흥미로운 점이다.

일반적인 비즈니스 세계에서 타인의 성공을 기뻐하는 사람은 거의 없다. 오히려 타인의 성공을 시샘하거나 시기하고 미워하기도 한다. 그리고 경우에 따라서는 적극적으로 방해하는 일도 있다.

하지만 암웨이에서는 자신이 가르쳐준 사람이 성공하지 않으면 자신에게 돌아오는 것이 없기 때문에 적극적으로 함께 성공을 나누는 것이 가능하다. 무엇보다 다른 사람의 성공을 시샘하고 질투할 필요가 전혀 없다. 오히려 동료가 성공하면 그것이 자신에게 득이 된다.

암웨이 사업은 이러한 시스템 속에서 전개되기 때문에 경쟁적으로 서로를 끌어내리고 그 결과 친구를 잃어버리는 것이 아니라 서로 협력함으로써 인간관계가 더욱더 넓어진다. 그것도 20세 이상부터 고령자에 이르기까지 혹은 각계각층의 다양한 직업에 종사하는 사람들까지 폭넓은 인간관계를 맺을 수 있다. 이것은 일반적인 비즈니스 세계에서는 상상할 수조차 없는 엄청난 폭의 인간관계이다. 이로써 당신의 견문은 넓어지고 또한 그것은 당신의 인생에 있어서 커다란 재산이 된다.

암웨이를 시작하게 되면 이처럼 많은 것이 뒤따라온다.

우선 수입이 발생하고 부를 축척하면 라이프스타일이 변화하며 더불어 폭넓은 인간관계를 통해 보다 멋진 삶을 살아갈 수 있게 되는 것이다.

암웨이를 시작하는 데에는 그다지 어려운 지식이 필요치 않다. 왜냐하면 암웨이에서는 주로 우리가 일상생활에서 자주 사용하는 제품들을 취급하기 때문이다. 더욱이 암웨이는 모든 제품에 대해 100% 고객만족보증제도를 실시한다. 따라서 소비자에게 피해를 주는 일이 없다. 무엇보다 잘 아는 사람에게 제품을 전달하는 시스템이기 때문에 반품 요청이 있으면 신속하게 처리해준다. 제품을 써본 사람이 정말로 그 제품을 마음에 들어하지 않으면 암웨이에서 전액 환불해주는 것이다.

암웨이 제품에 대해 보다 빨리 알고 싶다면, 스스로 사용해보는 것이 가장 좋다. 일반 회사의 경우에는 제품이 반품되지 않기 때문에 그것이 얼마나 좋은 물건인지 열심히 설명해야 하지만, 암웨이의 경우에는 스스로 사용해 본 다음 좋다고 생각될 때, 주위 사람들에게 권하는 것이므로 어려운 지식을 터득해야 하거나 특별히 공부를 할 필요가 없다.

"내가 써보았는데, 정말로 다른 제품들과 비교가 안 될 정도로 좋아요"라고 자신이 사용해본 경험을 있는 그대로 말해줄 수 있다면 누구든 암웨이 사업을 전개할 수 있다. 암웨이 제품은 실제로 품질이 뛰어나다. 그렇기 때문에 암웨이의 IBO들은 사업확장을 위해 무리하지 않는다. 왜냐하면 자연스럽게 입에서 입으로 광고가 되어 퍼져

나가기 때문이다.

좋지 않은 제품을 '좋다'고 말하면 그것은 사기를 친 셈이므로 사람들은 두 번 다시 그 제품을 사용하지 않을 것이다. 하지만 정말로 좋은 제품을 '좋다'고 말한 것이기 때문에 그 진실은 입에서 입으로 자연히 퍼져나간다.

특히 암웨이에서는 취급하는 제품을 점점 늘리고 있다. 내가 처음으로 암웨이 사업을 시작했을 때만해도 암웨이 제품의 종류는 10여 종에 지나지 않았지만 이제는 500종을 훨씬 넘어 600종에 육박하고 있다. 하지만 나는 취급하는 종류가 적었기에 오히려 암웨이의 가능성을 엿볼 수 있었다. 그 당시 다른 사람들은 취급하는 제품의 종류가 적으면 돈이 되지 않는다고 해 암웨이 사업에 참가하지 않았던 것이다. 그러나 나는 반대로 현재 취급하는 제품이 적기 때문에 앞으로 제품의 폭이 넓어지면서 성공 가능성은 더욱더 높아질 것이라고 생각하고 있다.

자영사업(Free Business)

지금까지 암웨이 사업을 전개해 오면서 암웨이로 인해 곤란을 겪었던 적은 한 번도 없었다. 나의 사업은 매우 순조로웠던 것이다. 특별히 여분의 재고를 떠 안았던 적도 없고 다른 사람에게 '이것을 해

보세요' 혹은 '저것을 해보세요' 라고 명령할 필요도 없었다. 아침에 회의를 열어 '이번 달에는 몇 사람을 더 참가시키고 매출액을 얼마까지 올리도록 하세요' 라는 목표를 내세울 필요도 없었다.

암웨이의 IBO는 어디까지나 독립적인 사업자로 완전히 자유롭게 사업을 전개한다. 암웨이는 그야말로 프리 비즈니스인 것이다. 예를 들어 부업으로 이 사업을 하고 있는 사람에게 할당량 같은 것을 정해주게 되면, 절대로 그 일을 오래 지속할 수 없게 된다.

암웨이는 자유로운 분위기 속에서 하고 싶은 대로 일할 수 있다. 물론 재고를 미리 떠 안고 있어야 할 필요도 없다. 왜냐하면 필요한 것을 필요한 만큼 주문하면 택배로 1~3일 안에 제품이 집으로 도착하기 때문이다. 따라서 IBO가 따로 창고를 마련해야 하거나 집에 재고를 쌓아둘 필요가 없다.

만약 IBO가 어떤 제품이 마음에 들어 그것을 스스로 사용하고 나면, 나머지는 자연스럽게 비즈니스가 되어 버린다. 좋은 제품을 사용하고 나면 그것을 아는 사람들에게 이야기해주고 싶은 것이 인지상정 아닌가!

간혹 나는 '내 네트워크 그룹에 얼마나 많은 IBO들이 있는가? 라는 질문을 받곤 하는데, 솔직히 말해 그것은 나도 잘 모른다. 즉, 내가 일일이 파악하기 불가능할 정도로 규모가 큰 것이다. 아마도 일본 암웨이에서 활동하는 전체 IBO들의 절반 정도라고 해도 좋을 것이다.

이처럼 나도 모르는 사이에 커다란 네트워크가 구축된 비법은 '하면 된다'라는 사실에 빨리 눈을 뜬 사람이 많았기 때문인지도 모른다.

일반회사에 들어간 신입사원의 경우, 자신의 5년 후를 알고 싶다면 그 회사에 입사한 지 5년이 된 선배를 보면 잘 알 수 있다. 그 모습을 보면 지금까지 가슴속에 간직해온 꿈을 실현하는 것이 어렵다는 생각을 갖게 될지도 모른다. 사실, 입사 5년차의 샐러리맨이 아무리 기를 쓰고 노력해도 벤츠를 구입한다거나 고급 아파트에서 사는 것을 기대하기는 어렵다. 또한 세계일주 같은 것은 그야말로 닿을 수 없는 별나라 이야기처럼 들린다.

하지만 암웨이의 성공자를 보면 '열심히 노력하면 나도 꿈을 실현할 수 있다'라는 확신을 갖게 된다. 그렇기 때문에 많은 사람들이 암웨이 사업에 참가하는 것인지도 모른다. 그들 중에서 암웨이 회사를 위해 일한다고 생각하는 사람은 없다. 어디까지나 자기 자신을 위해 사업을 하는 것이다.

무엇보다 자기 자신이 노력한 만큼 공평하게 대가를 받을 수 있다는 사실은 대단히 매력적인 일이다. 다시 말해 자기 자신의 수입을 스스로 결정하는 것이다. 예를 들어 일반회사에서 한 달 급여가 200만원으로 정해져 있다면 그 다음 달에 아무리 열심히 일해도 월급으로 300만원을 받을 수는 없다. 그리고 그 다음 해에 급여인상이 있더라도 아주 적은 폭으로 인상될 뿐이다.

하지만 암웨이에서는 노력한 만큼 대가를 받는다. 따라서 이번 달에 200만 원을 벌었더라도 좀더 열심히 노력하면 다음 달에 300만 원을 버는 것이 가능하다. 그렇기 때문에 암웨이의 IBO들은 자신의 수입이 큰 폭으로 증가하고 있음을 느끼며 더욱더 분발하게 된다. 특히 주위 사람들 중에서 성공자가 많이 배출되면 자신의 가능성에 대해 더욱더 확신하게 되고 커다란 목표도 갖게 된다.

사실, 다른 사람에 의해 자신의 행동이나 목표가 결정되면 대단히 불쾌하게 느끼지만 스스로 결정한 것에 대해서는 누구도 반발하지 않게 된다.

암웨이에서는 누구든 자신의 목표를 스스로 세운다. 예를 들어 에메랄드가 되고 싶다거나 다이아몬드가 되고 싶다는 목표를 스스로 세우고 실천해 나가는 것이다. 하지만 일반적인 회사에서는 아무리 과장이나 부장이 되고 싶다는 목표를 세울지라도 그것은 자신이 결정할 수 있는 것이 아니고 윗사람이 결정하는 일이다.

암웨이는 누구에게나 평등한 기회를 제공하기 때문에 특히 주부들에게 인기가 높다. 왜냐하면 대화를 즐기는 주부들이 부업으로 이 사업에 참여해 시간을 자유롭게 사용하며 사업을 전개할 수 있기 때문이다. 그리고 비록 출발은 소박하지만 수년이 지난 다음에는 일반 샐러리맨을 능가할 정도로 상당한 수입을 얻게 된다.

특히 암웨이에는 일을 즐기는 IBO들이 많다. 이것은 좋아하는 사람들과 만나 대화를 즐기고 다양한 이야기를 주고받는 가운데 자연스럽게 사업이 진행되기 때문이다. 어쩌면 그렇기 때문에 '암웨이는

21세기를 이끌 유통 시스템'이라는 말이 나온 것인지도 모른다.

암웨이는 집집마다 돌아다니며 제품과 정보를 판매하는 방문판매가 아니라, 어디까지나 다이렉트 마케팅에 의해 제품과 정보를 전달하는 비즈니스다. 즉, 유통의 신조류인 것이다. 이제는 더 이상 점포에 제품을 늘어놓고 소비자를 기다리는 점포판매 시대가 아니다.

따라서 '함께 성장한다'는 의식으로 친구와 즐기며 일하고 그것으로 자신도 성공의 길로 들어서는 커뮤니케이션 비즈니스의 매력은 그 어느 것보다 크다고 할 수 있다. 그럼에도 불구하고 많은 사람들이 처음에 암웨이를 접하면 오히려 두려워한다. 왜냐하면 '너무도 좋은 면만 갖고 있는 비즈니스'라고 생각하기 때문이다. 다시 말해 너무 좋아서 믿지 못하는 것이다.

사실, 적은 자본으로 시작할 수 있고 틀에 박힌 출퇴근 시간이 없으며 노력한 만큼 수입을 얻을 수 있는 비즈니스가 또 어디 있는가! 게다가 경력이나 경험도 필요 없고 100% 고객만족보증제노가 있기 때문에 아는 사람들에게 피해를 줄 일도 없으며 더불어 위험부담이 없고 자유롭게 일할 수 있다고 하면 의아한 표정을 짓는 것은 어쩌면 당연한 일인지도 모른다.

하지만 이 모든 것은 사실이다.

노력한 만큼 돌려 받는다

암웨이 사업은 하기 싫으면 언제든 그만둘 수 있다. 그리고 열심히 노력하면 노력한 만큼 정확하게 대가를 받을 수 있다. 한 마디로 말해 '원인과 결과가 확실한 비즈니스' 이다.

여기에 현재 하고 있는 일을 그대로 진행하면서 암웨이 사업을 전개할 수도 있다. 암웨이를 시작했다고 해 누구도 현재 하고 있는 일을 그만두라고 강요하지 않는다. 오히려 현재 하고 있는 일 이외에 부업을 가져 좀더 풍요로운 생활을 누릴 수 있도록 기회를 제공하는 것이 바로 암웨이 사업이다.

일반 회사에 다니는 샐러리맨이 골프를 한 번 치려면 휴일에 일찍 일어나 2, 3시간 정도 걸리는 골프장까지 가야만 한다. 물론 그것도 좋은 일이다. 하지만 당신이 만약 암웨이를 한다면, 좋아하는 골프를 하와이에서 칠 수도 있고 아니면 골프의 본고장인 영국에 가서 칠 수도 있다. 또한 윈드서핑을 좋아한다면 서핑보드를 비행기에 싣고 하와이에 가는 꿈도 실현할 수 있다.

실제로 암웨이는 6명의 성공자를 배출한 사람에게 퍼스트클래스의 비행기로 하와이를 여행할 수 있는 기회를 제공한다. 물론 숙박은 초일류의 호텔에서 하게 된다.

암웨이는 성공자에게 그에 걸맞는 대우를 해주는 것이다. 그러나 일반 회사에서는 아무리 열심히 일해도 특별히 더 많은 보너스를 주지 않는다. 개개인은 나름대로 실력 차이가 있게 마련인데, 그러한 실력이 보너스에 반영되는 경우는 거의 없다. 이것이 바로 암웨이 시스템의 우수성을 보여주는 또 다른 면이다.

암웨이에 새롭게 참가한 IBO를 가르치는 일은 그리 어렵지 않다.

우선 암웨이에 대한 진실을 알려줘 불안감을 없애준다. 이 비즈니스에서 가장 의미 없는 것은 불안해하는 것이다. 왜냐하면 암웨이에서는 절대 실패라는 것이 없기 때문이다. 물론 이익을 얻지 못하는 사람이 더러 있기도 하지만, 그렇다고 그 사람이 손해를 보는 것은 아니다.

불안을 없애는 것은 암웨이를 처음 시작할 때, 가장 중요한 요소 중의 하나이다.

암웨이에서는 성공자는 있어도 실패자는 없다.

일단 시도해 보고 자신에게 맞지 않는다는 생각이 들지라도 좋은 경험을 했다는 것만으로 자신의 인생에 플러스가 되는 것이다. 어떤 것이든 경험이 마이너스가 되는 경우는 없다.

암웨이 사업의 기본은 '즐겁게 일한나'는 것이다. 실제로 암웨이 사업이 즐겁지 않았다면 오늘날 암웨이가 전 세계적으로 뻗어나가지 못했을 것이다.

물론 아는 사람들에게 암웨이 사업을 소개하면 '하고 싶지 않다'라고 거부반응을 보이는 사람이 적지 않다. 그것은 아직도 많은 사람들이 암웨이 사업에 대해 편견과 오해를 갖고 있기 때문이다. 그렇지만 수년 전에 '하지 않겠다'고 말했던 사람이 이제는 스스로 찾아와 '하고 싶다'라고 말하는 경우도 적지 않다. 이것은 그동안의 오해를 풀고 암웨이의 진실을 깨닫는 사람들이 늘고 있다는 증거이다.

암웨이의 IBO들은 자신감을 늘 가슴에 지니고 있어야 한다. 무엇보다 '하면 된다'는 의식을 갖는 것이 중요하다. 그리고 간혹 일이 하기 싫어 게으름을 피워도 상사에게 불려가 혼이 나거나 강요하는 사람이 없으므로 마음의 부담을 가질 필요도 없다. 완전히 자신의 의지대로 자유롭게 일할 수 있는 것이다.

암웨이에서는 자신의 파트너가 성공하도록 적극 지원하는 것이 곧 자신의 성공과 연결되므로 리더 자신이 열심히 노력하지 않으면 안 된다. 리더가 적극적으로 노력해야만 다운라인 사람들도 그 영향을 받아 최선을 다하기 때문이다.

리더는 그룹 전체의 거울과 같은 존재인 것이다.

암웨이는 그럭저럭 시간을 때우면 되는 사업이 아니라, 개개인의 능력을 인정하고 끊임없이 IBO의 열정이 불타오르도록 동기를 부여하는 시스템으로 되어 있다. 그리고 에메랄드, 다이아몬드의 단계로 IBO의 레벨이 상승한다.

암웨이에서 자신이 전달한 사람, 즉 다운라인을 늘려 가는 것을 두고 '스폰서'라고 한다. 그리고 그 다운라인이 또 다른 사람에게 암웨이를 전달해 주는 활동을 통해 네트워크의 폭과 깊이가 확장된다.

이 경우, 한 사람을 일대일로 전달하는 것도 중요하지만, 암웨이를 더욱더 잘 이해시키기 위해서는 스터디 그룹을 형성해 좋은 노하우나 경험을 이야기하는 방법 등 여러 가지를 배울 수 있는 모임을 자주 갖는 것이 좋다. 이때, 모임 장소를 따로 빌리는 것도 좋은 방법이다.

이러한 방법을 통해 '다른 사람에게도 전달해 주자' 라는 생각을 갖게 되고, 그 결과 그룹에 참여하는 사람들은 점점 늘어난다. 마치 세포가 증식하는 것처럼 다운라인 사람들이 늘어나는 것이다. 이것을 쉽게 말하면 처음에는 암웨이 팬클럽처럼 암웨이 제품을 좋아하는 사람들이 모이고 이들이 '암웨이 제품의 우수성' 을 전파해나가면서 점점 사람들이 늘어나게 된다.

예를 들어 10명이 새로운 10명의 팬을 만들면 그 팬클럽에는 20명의 사람들이 생긴다. 그리고 그 20명이 그 다음 달에 똑같이 한 사람씩의 팬을 만들면 이번에는 40명이 된다. 이렇게 하여 암웨이 사업은 전국적인 규모로 넓어지는 것이다.

물론 개중에는 이미 너무 많은 사람들이 암웨이를 하고 있기 때문에 새롭게 가르쳐줄 사람이 없다고 말하는 사람도 있지만, 아직도 세상에는 암웨이를 모르는 사람들이 매우 많다.

누구에게나 공평한 시스템

암웨이는 세계적인 사업이다. 따라서 당신이 암웨이를 전달해 줄 상대는 국내뿐만 아니라 미국, 프랑스, 홍콩, 싱가포르, 중국 등 암웨이가 진출한 곳이라면 어디에 사는 사람이든 상관없다. 설사 당신이 외국인을 알지 못하더라도 당신이 전달해 준 사람이 외국인을 알고 있다면 그 사람을 통해 당신 그룹을 외국으로까지 넓힐 수 있다.

한편, 암웨이는 세제는 물론이고 갈수록 취급하는 품목의 폭을 넓혀나가고 있다. 더불어 일반 가정에서 사용하는 암웨이 제품은 10년 전에 비해 훨씬 더 다양해지고 금액도 커졌다. 즉, 매년 한 가정에서 암웨이 제품을 사용하는 금액이 갈수록 증가해 그것만으로도 IBO의 매출액이 늘고 있는 것이다. 그런 의미에서 볼 때, 암웨이는 아직도 시작단계에 있으며 앞으로도 계속 성장할 것임에 틀림없다.

물론 지금까지도 암웨이에 대해 편견을 갖고 있는 사람들은 '암웨이는 사람을 끌어들이는 것으로 그들을 끌어들인 사람과 회사가 돈을 번다'고 생각하고 있다. 하지만 이것은 틀린 생각이다.

암웨이에서는 아무리 사람을 많이 끌어들여도 그것만으로는 아무런 수입도 올릴 수 없다. 그렇기 때문에 피라미드가 아닌 것이다. 피라미드 상법에서는 사람을 끌어들인 시점에서 그들을 끌어들인 사람이 돈을 버는 시스템으로 이루어져 있다. 따라서 한 사람보다는 두 사람, 두 사람보다는 세 사람을 끌어들이면 돈을 더 많이 벌 수 있다.

또한 제품의 구입가격이 시작한 시점에 따라 다른 경우도 있을 수 있다.

하지만 암웨이에서는 10년 전부터 하고 있던 사람도 오늘 처음으로 시작한 사람과 똑같은 가격으로 제품을 구입한다. 암웨이는 그 누구도 차별하지 않는 것이다. 또한 먼저 시작한 IBO가 보다 더 유리한 조건에서 사업을 전개하는 것도 아니다. 업 라인이든 다운라인이든 누구든 공평한 조건에서 일하는 것이다. 먼저 들어왔어도 스스로 제품을 전달하고 새로운 IBO를 가르치고자 노력하지 않으면 뒤에 들어온 사람에게 추격을 당해 수입이 뒤떨어지기도 한다.

암웨이에서는 단순히 사람을 늘린다고 해 수입을 올릴 수 있는 것이 아니다.

"나의 그룹에는 100명의 IBO들이 있습니다"라고 말할지라도 그 100명이 암웨이 제품을 사용하지 않고 다른 회사의 제품을 사용한다면, 그저 사업자가 100명이 있을 뿐이며 꿈을 실현할 수 있는 것도 비즈니스가 되는 것도 아니다.

처음 암웨이 사업을 시작할 때, 물론 전혀 돈이 들지 않는 것은 아니다. 일단 스스로 사용해 보려면 도매가로 제품을 구입해야 하고 또한 소비자의 주문을 받았을 경우에도 도매가로 구입해 전달해야 하기 때문이다. 그리고 사람들을 만나다 보면 커피 값을 지불해야 하거나 음식값을 내야 할지도 모른다.

하지만 어디까지나 암웨이는 사업이라는 사실을 잊지 않도록 하

라. 어떤 일을 하든 완전히 빈손으로 시작할 수 있는 일은 없다. 하물며 암웨이는 당당한 비즈니스이다.

샐러리맨으로 사회에 첫 발을 내딛는다고 해 투자비가 전혀 들어가지 않는 것은 아니다. 샐러리맨 생활을 하려면 입사 전에 양복과 넥타이, 구두를 구입해야만 한다. 그리고 사회적인 지식을 쌓기 위해 서적이나 각종 자료를 구입해 분석해야 하고 그밖에 대인관계를 넓히기 위해 교제비도 있어야 한다. 그럼에도 불구하고 사람들은 이러한 투자에 대해 투자라 생각하지 않고 당연한 것으로 받아들인다.

어떤 일을 시작하든 최소한의 돈은 필요하다. 단지 그것을 의식적으로 지불하는가 아니면 무의식적으로 지불하는가의 차이가 있을 뿐이다. 암웨이의 경우에는 제품을 도매가로 구입해 소매가로 전달했을 경우, 그 자리에서 현금을 받기 때문에 자금이 묶이는 경우는 없다. 또한 어디까지나 현금거래이므로 부도나 대금의 회수불능을 염려할 필요도 없다.

일이 곧 즐거움이며, 즐거움이 곧 일이다

지금까지 암웨이 사업을 전개해 오면서 나는 내 자신이 많이 변했다는 것을 느낀다. 그리고 함께 일하는 동료가 완전히 변하는 모습도 많이 보아왔다. 물론 그것은 긍정적인 변화이다. 실제로 내가 암웨이를 전달해 준 사람들은 모두 경제적, 시간적으로 풍요를 누리고 있는 것이다.

　물론 그중에는 중간에 그만둔 사람들도 있지만, 그것은 스스로 암웨이의 가능성을 느끼지 못했기 때문이므로 나로서도 어쩔 수 없는 일이다. 암웨이를 선택하고 하지 않고는 어디까지나 개개인에게 달린 문제이다. 물론 그 사람이 어떤 선택을 하든 암웨이가 손해를 보는 일은 없다.

　어떤 사업이든 사업을 시작하기 위해 작은 점포라도 하나 차리려 해도 상당히 많은 자금이 필요하다. 예를 들어 커피숍을 하나 운영하려면 점포를 얻기 위한 자금과 설비비, 권리금, 종업원 관리 및 유지 비용이 필요하고 여기에 심한 경쟁 속에서 살아남기 위해 엄청난 노력이 투자돼야 한다. 그리고 그렇게 자본과 노력을 투자해 심혈을 기울였다고 해도 반드시 성공할 수 있는 것은 아니다. 아니, 오히려 실패할 확률이 더 높다.

　하지만 암웨이 사업을 시작하기 위해 많은 자본이 필요한 것은 아니다.

　주로 일상생활용품을 취급하기 때문에 누구에게나 전할 수 있는 기회가 있고 혹은 전달할 사람이 없을지라도 재고로 남는 것은 아니므로 전혀 부담이 없는 것이다.

　그렇다면 '암웨이로 성공하는 사람과 그렇지 않은 사람과의 차이'는 어디에 있을까?

　물론 성공하는 사람은 '하면 된다'라는 생각으로 포기하지 않고 꾸준히 지속하는 사람이다. 그리고 성공하지 못하는 사람은 '불안감'을 떨쳐버리지 못하고 중간에 포기하는 사람이다. 실패자는 늘 '정말로 이 사업이 잘 될까?' 라는 불안감에 휩싸여 있다.

그렇다고 성공하는 사람이 커다란 동기를 가지고 시작하는 것은 아니다. 그들은 단순히 '나도 할 수 있을 것 같다' 는 생각으로 포기하지 않고 인내심을 발휘한 것뿐이다. 그중에는 안 되도 할 수 없지만 어쨌든 '즐거운 일' 혹은 '재미있는 일' 같다는 생각으로 출발하는 사람도 있다.

특히 매일 집에서 반복적인 생활을 하고 있는 주부들은 삶에 변화를 주고 싶다는 소박한 동기로 시작하는 경우가 많다. 물론 조금이라도 수입이 생긴다면 평소에 자신이 갖고 싶었던 옷이나 냉장고 등을 구입하겠다는 작은 꿈을 지닌 주부도 많다.

사실, 주부들이 스스로 돈을 벌 수 있다면 하고 싶은 것이 얼마나 많은가! 남편이 벌어다주는 것은 늘 빠듯하고 써야 할 용도가 거의 정해져 있기 때문에 손을 댈 수 없는 것이 현실이다. 그렇기 때문에 어쩌다 사고 싶은 것이 있어도 참아야 하는 경우가 많다.

어찌되었든 암웨이를 하는 것으로 한 달에 한 벌 정도는 옷을 살 수 있다고 생각하면, 그것만으로도 왠지 어깨가 으쓱해지고 스트레스가 풀리는 느낌일 것이다. 그리고 좀더 노력하면 가전제품을 구입하는 것도 가능해진다. 더불어 암웨이를 하고 있으면 인간관계가 점점 더 넓어진다.

실제로 집안 일에 얽매여 있는 주부가 대인관계를 넓힐 수 있는 기회는 그리 많지 않다. 또한 샐러리맨들도 집과 회사를 시계추처럼 왔다갔다 하다보면 대인관계의 폭은 일정한 한계를 벗어나지 못한다. 하지만 암웨이 사업을 하는 나는 영어도 잘 못하는데 외국의 친구들이 종종 엽서나 편지를 보내온다. 물론 그것은 암웨이를 통해 알게 된 외국의 IBO들이 보내온 것이다. 내가 만약 암웨이를 하지 않았다면 내가 그러한 인간관계를 맺는다는 것은 불가능한 일이었을 것이며 더불어 다양한 경험도 하지 못했을 것이다.

암웨이를 하고 싶어하지 않는 사람들에게 그 이유를 물어보면 여러 가지 이유를 댄다.

그 중에서 많은 사람들이 바쁘기 때문에 암웨이를 할 시간이 없다고 말한다. 하지만 암웨이는 바쁜 사람에게 더욱더 적합한 사업이다. 나 역시 바쁜 시간을 쪼개 암웨이 사업을 시작했다. 왜냐하면 암웨이 사업을 통해 시간적인 자유를 얻을 수 있을 것이라 믿었기 때문이다. 덕분에 지금 나는 시간적인 자유와 더불어 경제적인 풍요로움까지 누리고 있다. 돈도 시간도 모두 얻을 수 있었던 것이다. 만약 내가 그 때 '너무 바빠서 암웨이를 할 수 없다'는 생각으로 암웨이를 시작하지 않았다면, 아마도 나는 지금 시간과 돈에 쫓기는 생활을 하고 있을 것이다.

그렇기 때문에 암웨이는 바쁜 사람에게 더욱더 적합하다는 것이다. 실제로 '바빠서 못한다' 라는 사람이 있는 반면, '지금은 바쁘지만 성공해서 자유로운 시간을 갖고 싶다'는 생각을 갖고 있는 사람도 많이 있다. 또한 '아이가 있어서 할 수 없다'는 사람도 있지만 오히려 '아이가 있어서 암웨이를 하고 싶다'는 사람도 많다. 아이에게 보다 좋은 교육환경을 제공하고 또한 아이들을 데리고 세계여행을 다니고 싶다는 생각으로 암웨이를 시작하는 사람들이 많은 것이다. 혹은 아이를 갖게 된 샐러리맨이 좀더 나은 미래를 위해 본업으로 암웨이를 시작하는 경우도 있다.

그리고 '돈이 없어서 할 수 없다'고 말하는 사람들이 있는가 하면, 그 이면에는 '돈이 없어서 암웨이를 꼭 하고 싶다'는 사람도 있다.

이런 것을 보면 암웨이는 정말로 '재미있는 사업'이라는 생각이 든다.

비관론자와 낙관론자

비록 암웨이는 세제를 중심으로 출발했지만 지금은 화장품과 건강보조식품은 물론이고 일상생활용품을 거의 다 망라하기 위해 꾸준히 제품을 개발하고 있다. 미국에서는 암웨이만 사용해도 일상생활에 거의 불편함이 없을 정도로 많은 제품을 취급하고 있다. 그렇기 때문에 미국 암웨이를 살펴보면 다음에 국내에서 개발될 제품에는 어떤 것들이 있을지 충분히 짐작할 수 있다.

그들의 성장과정을 보면 '또 하나의 가능성'과 더불어 '그 다음의 가능성'까지 내다볼 수 있는 것이다.

  암웨이가 대단하게 느껴지는 또 다른 이유는 무엇보다 세계의 자연보호를 위해 그 어느 기업보다 적극적으로 앞장서고 있다는 점과 특히 북극의 자연파괴를 방지하기 위해 로버트 스완을 대장으로 하는 '아이스 워크'에 전폭적인 자금지원을 하고 있다는 점이다.

  물론 국내에서도 암웨이는 설립이래 지금까지 다양한 환경보호 활동을 펼쳐오고 있다. 또한 여러 가지 문화활동과 더불어 상품광고가 아닌 기업 이미지 광고도 실시하고 있다.

  어느 기업이든 일정 규모 이상으로 성장하게 되면, 사회 속에서의 조화를 생각하지 않으면 안 된다. 즉, 규모에 걸맞는 이미지를 창출해 내고 그것을 많은 사람들에게 적극 알려야 하는 것이다. 무엇보다 암웨이는 환경을 생각하고 인류의 풍요로움을 위해 헌신하는 기업의 이미지를 점점 넓혀나가고 있다. 그리고 그것이 바로 일류기업이 지향해야 할 자세이다.

  사실, 전 세계적으로 짧은 기간 내에 이토록 급속도로 성장한 사례는 찾아보기 힘들다. 암웨이가 이렇게 성장한 것은 '기적'이라 해도 좋을 정도이다.

  특히 암웨이는 혼자서 하는 것보다 여러 사람이 함께 어울려 성취해내는 것을 좋아하는 우리네 정서와 잘 맞아떨어지는 사업이다. 식사를 할 때에도 혼자서 먹는 것보다 함께 이야기를 나누며 먹는 것이 더 맛있고 일도 마음이 맞는 친구와 함께 할 때 보다 더 즐거운 법이다.

내 직업은 작곡가였지만, 솔직히 작곡을 하는 일은 나름대로 재능이 없으면 안 된다. 따라서 내가 아무리 좋아하는 친구일지라도 그에게 '너도 한 번 작곡을 해봐' 라고 권하는 일은 어려운 일이다. 혹은 자신이 화가라고 해 친구에게 '너도 그림을 그려봐' 라고 권할 수는 없다.

그러나 암웨이를 하는 데에는 어떠한 재능도 필요 없다. 누구나 할 수 있는 일이 바로 암웨이이다. 그리고 암웨이는 주로 일상생활용품을 취급하기 때문에 어려운 지식이 필요한 것도 아니다. 자신이 직접 사용해보고 좋은 제품임을 확인한 다음 그것을 다른 사람에게 소개하는 것은 누구나 할 수 있는 일이다. 다른 사람을 배려하는 마음이 조금이라도 있다면 그것은 충분히 가능하다.

이제 나는 암웨이를 통해 벌어들이는 수입으로 아무 것도 하지 않아도 풍요로운 생활을 누릴 수 있을 정도이지만 그리고 외국의 유명한 휴양지를 마음껏 여행하며 쉴 수도 있지만 여전히 암웨이의 동료들과 모임을 갖고 사업을 전개한다. 왜냐하면 그렇게 하는 것이 즐겁기 때문이다. 이제 돈에 대해서는 관심이 없다. 일 그 자체가 좋은 것이다. 그리고 다른 사람의 성공을 도와주고 또한 그들이 즐거워하는 것을 보는 것이 좋다.

샐러리맨은 비록 성공할지라도 은퇴를 하고 나면 남는 것이 거의 없다. 비록 회사에 있을 때에는 과장, 부장, 중역으로 불리며 대접을 받지만, 일단 회사를 그만두면 그러한 직위는 아무런 의미가 없다. 명함에서 직위를 빼버리면 당장 내일부터 어떻게 살아야 하는지를 걱정해야 하는 것이다.

사람이 일을 하지 않으면 금방 늙고 만다. 그래서 '정년퇴직을 하면 늙는다' 는 말이 생긴 것인지도 모른다. 그러나 암웨이를 하고 있는 사람은 '나도 할 수 있다' 라는 철학이 있기에 아무리 나이가 많은 사람일지라도 활기차게 살아간다.

암웨이의 IBO들은 나름대로 성공철학을 지니고 있는 것이다.

어떤 신발회사에서 영업사원 두 명을 아프리카의 오지에 보내 그곳의 상황을 점검하라고 지시했다. 그런데 그 중의 한 사람은 원주민들이 아무도 신발을 신고 있지 않은 것을 보고 '사업성이 전혀 없다' 는 결과를 보고했다. 하지만 또 다른 사람은 '이곳에는 신발을 신은 사람이 하나도 없다. 그러므로 사업성이 무궁무진하다' 라고 보고했다.

전자는 비관론자이고 후자는 낙관론자이다.

전자는 아프리카 오지의 사람들은 신발을 신지 않는 습관이 있어 팔리지 않을 것이라 생각했고 후자는 습관을 바꾸면 그들도 상처를 입지 않기 위해 신발을 신게 될 것이므로 시장성이 풍부하다고 생각했던 것이다.

사람이 상황이나 사물을 보는 관점은 이렇게 다르다.

암웨이에는 유난히 비관론자보다 낙관론자가 많다. 왜냐하면 '하면 된다'라고 생각하는 사람들이 암웨이를 선택하기 때문이다. 미래에 대해 비관적으로 생각하는 것은 좋지 못한 습관이다. 오지 않은 미래에 대해 불안해하는 것보다는 자기 자신을 믿고 미래를 스스로 개척해나가는 것이 보다 바람직하다. 즉, 인생을 적극적으로 살아가는 것이다.

인간은 생각하는 대로 된다. 따라서 당신이 비관적인 생각을 하고 있으면 표정이나 행동이 비관적이 되어 버린다. 그러면 당신이 할 수 있는 것마저 할 수 없게 된다. 이것은 매우 안타까운 일이다.

암웨이는 누구나 할 수 있고 사업 상 어려운 것은 아무 것도 없다. 품질이 뛰어난 제품을 알려주고 그것도 '도어 투 도어'가 아닌 '퍼슨 투 퍼슨'으로 전하기만 하면 되므로 누구나 할 수 있는 것이다.

본래 암웨이는 누구에게든 전달해 주는 것이 좋지만, 이왕이면 당신과 성공을 함께 나누고 싶은 사람을 선택하는 것이 좋다. 예를 들어 길거리에서 만난 낯선 사람을 불러 세워 성공을 나눠갖고 싶지는 않을 것이다.

따라서 당신의 부모, 친척, 친구를 중심으로 네트워크를 넓혀 가는 것이 암웨이에서 성공하는 기본이자 중요한 포인트이다.

4

살다보면 무슨 일이 생길지 모른다

네트워크 비즈니스의 강점(고이즈미 사치오/히미꼬)

고베 대지진의 충격

▶ 사치오

"쾅!"

땅을 가르는 굉음과 함께 나의 몸은 침대에서 공중으로 치솟았다. 그리고 아무 것도 모르는 상태에서 나는 다시 밑으로 떨어져 내렸고 다음 순간, 나의 몸은 이리저리 굴러다녀야만 했다.

'아, 지진이구나!'

나는 순간적으로 죽을지도 모른다는 생각을 했고 실제로 심한 요동은 약 1분 정도 지속됐지만, 나는 그 몇 배의 시간이 흐른 느낌을 받았다.

고베 대지진이 일어났던 1995년 1월 17일, 나는 그 지진의 진원지인 아와지섬에 있었다. 그 당시 고베에 살고 있던 나는 그 날 아와지섬에 있는 나의 리조트 맨션에서 암웨이 동료들과 밤새워 이야기꽃을 피우고 있었던 것이다. 그리고 새벽이 다 되었을 무렵 우리가 막 잠자리에 들어간 순간, 지진이 일어났다.

고베 대지진의 피해와 영향은 이미 잘 알고 있을 것이다.

나는 그 사건을 겪으면서 '사람은 그야말로 한치 앞도 모르는 존재' 라는 것을 다시 한 번 깨달았다. 어찌됐든 우리는 가까스로 아와지섬을 탈출해 가족들이 무사하기를 기도하며 고베항에 도착했다. 그런데 이미 고베는 지옥과 다름없이 처참하게 무너진 상황이었고 우리는 몸서리를 치며 그야말로 원시림을 헤쳐나가듯 앞으로 전진해야만 했다.

너무도 많은 희생자가 나왔다. 그리고 다행이 목숨을 건진 사람들도 무척 고통스러운 생활을 영위해야만 했다.

아버지와 함께 살고 있던 내 친구는 집이 무너졌는데, 피난처에 아버지를 혼자 남겨두고 회사에 나갈 수가 없어서 전화를 걸어 출근이 불가능하다고 통보했다. 물론 교통수단은 완전히 마비된 상태였다. 그런데 며칠이 지난 후, 회사로부터 이러한 통보가 날아왔다.

"내일 당장 출근하시오. 만약 출근하지 않는다면 지금까지 결근한 것을 모두 무단결근으로 처리하겠소."

그런데 그 회사에는 2주일 동안 무단결근하면 자동적으로 해고된다는 규칙이 있었다. 아무리 사내규칙이 그렇다고 해도 천재지변으로 출근이 불가능한 상황에서 그것은 해도 너무 하는 처사였다. 그리고 그 친구는 이미 출근이 불가능한 사정을 통보한 상태가 아닌가!

그럼에도 불구하고 실제로 그런 사례가 부지기수였다고 한다. 심지어 고교나 대학졸업을 앞두고 취직이 결정되었던 학생을 대지진을 이유로 채용을 취소했다는 이야기도 들렸다. 정말로 안타까운 일이 아닐 수 없다. 또한 종신고용제도 덕분에 평생 회사생활이 가능할 것이라고 생각했던 샐러리맨 중에 회사의 재건이 어려워져 적은 퇴직금만 받고 그만두어야 하는 일도 많았다. 회사가 존재하지 않는데 샐러리맨이 설 수 있는 자리가 어디 있겠는가!

네트워크를 전국적으로 넓혀야

물론 샐러리맨들만 피해를 본 것은 아니다.

의류판매업을 하던 어떤 사람은 몇 억 원을 들여 차려놓은 점포가 한순간에 잿더미가 되고 말았다고 한다. 사람이 한 번 그 정도로 실패해 버리면 재기하기가 결코 쉽지 않다.

나의 다운라인에 있던 어느 여성은 남편이 중소기업을 경영하고 있었다. 그런데 대지진으로 인해 공장이 모두 파손되었다고 한다. 그리하여 그들에게 남은 것은 부채뿐이었다. 워낙 피해 정도가 심했기 때문에 대책을 세우기가 쉽지 않았고 누구도 도와주지 않았다. 하지만 불행 중 다행으로 부인이 암웨이 사업을 하고 있었기에 그럭저럭 생활을 유지할 수 있었다.

내가 암웨이 비즈니스를 시작한 지 얼마 되지 않았을 때, 어떤 사람으로부터 "이 비즈니스를 전국으로 확대하는 것이 좋겠어요"라는 말을 들었다.

"이유가 뭐죠?"

"우리의 미래에 어떤 일이 일어날지는 아무도 모르잖아요. 만약

한 지역에서만 사업을 전개한다면, 재해가 한 지역에 집중되었을 때 아무리 암웨이 비즈니스라 해도 어쩔 도리가 없을 거예요. 비즈니스 기회를 잃는 도리밖에 없겠죠. 그런 일을 방지하려면 네트워크를 전국으로 넓혀야 해요."

나는 그 말에 동감했기에 전국적인 네트워크를 구축하려 노력해 왔다. 그리하여 지금은 국내는 물론이고 해외에까지 나의 네트워크가 구축되어 있다.

암웨이를 전할 때, 내가 강조하는 포인트는 암웨이 제품의 우수성과 가능성에 대한 것이다. 이 두 가지를 제대로 가르쳐주면 사업은 확장되게 마련이다. 왜냐하면 생활 속에서 암웨이 제품을 사용하는 것 자체가 암웨이 사업이기 때문이다. 바로 여기에 암웨이의 강점이 있다.

또한 암웨이 비즈니스는 세계적인 사업으로 어느 한 나라에서 정치, 경제가 흔들린다 해도 다른 나라에서 암웨이 비즈니스가 순조롭다면 전체적으로 별다른 영향을 받지 않게 된다. 그렇기 때문에 암웨이가 강한 것이다. 더욱이 암웨이 사는 IBO와의 파트너십을 대단히 중요시하므로 절대로 회사가 배신하는 일이 없다.

따라서 만약 국내에 문제가 발생할지라도 IBO는 세계를 상대로 해 얼마든지 비즈니스를 전개할 수 있다. 더불어 제품이 계속 개발되어 그 종류가 갈수록 증가하고 있다. 물론 아직도 암웨이를 두고 다단계나 피라미드 상법을 떠올리는 사람도 있지만, 만약 그것이 사실이라면 암웨이는 오랜 전통을 자랑하며 지금까지 지속적으로 성장해 오지는 못했을 것이다.

아이들에게 새로운 세상을 보여주기 위해

내가 암웨이를 시작하게 된 동기는 언제나 마음 속에만 간직하고 있었던 '새로운 사업을 해보고 싶다'는 욕망을 표출하고 싶었기 때문이다. 하지만 그때까지만 해도 나는 암웨이 사업을 두고 '주부들이 하는 일' 혹은 '남자가 뛰어들만한 일은 아니다'라는 생각을 갖고 있었다.

그 당시 나는 대규모 슈퍼에서 시스템 구축에 관한 일을 맡고 있었던 것이다. 그리고 나름대로 열심히 노력해 유통업계에서 그 슈퍼가 가장 합리적인 시스템을 구축하고 있다고 자부하고 있었다. 그러던 중 아내로부터 암웨이에 대한 이야기를 들었지만, 별다른 관심이 없었다.

그런데 어느 날부터인가 암웨이를 하는 아내의 표정이 매우 밝아졌다는 것을 느꼈고 더불어 나를 둘러싸고 있는 환경이 하나씩 변화하고 있다는 것을 감지하게 되었다. 즉, 아내가 암웨이 사업을 통해 보람을 느끼는 것과 달리 나는 회사에서 '직장이 평생을 담보해주는 것은 아니다'라는 미묘한 공기를 느끼기 시작했던 것이다.

결정적으로 '암웨이 사업을 하자'라고 결심하게 된 계기는 바로 회사에 '리후레쉬(Refresh) 휴가제'가 도입된 데 있다. 그리고 그동안 자회사라든가 경영책임자로 올라서겠다는 결심으로 늘 열심히 노력한 내가 가장 먼저 그 혜택을 입게 되었다.

근속 10년을 맞아 2주일간의 리후레쉬 휴가를 받았을 때, 나는 망설이지 않고 유럽으로 가족과 함께 여행을 가야겠다는 결심을 했다. 그 이유는 학생시절에 뭔가 자격증을 따놓아야겠다는 생각으로 캠브리지의 영어회화 스쿨에 다닌 적이 있었기 때문이다. 그렇게 영국에 체재하는 동안 지금의 아내를 만났고 그 당시의 이미지가 아주 강했기에 가족들과 함께 영국에 가고 싶었던 것이다.

그때, 이미 나는 세 살짜리와 초등학교 1학년 그리고 2학년의 아이들을 두고 있었다. 내가 아이들과 함께 여행을 떠날 결심을 하게 된 이유는 아이들에게 '새로운 세상을 보여주고 싶었기 때문'이다. 한창 감수성이 풍부한 시기에 '외국의 문물'을 보여주고 '다른 문화'가 있다는 것을 알려주고 싶었던 것이다.

나는 아이들에게 재산을 물려주고 싶은 마음은 없었지만, 만약 인생이 선택이라면 그 선택의 폭만큼은 넓혀주고 싶었다. 그리하여 어릴 때부터 보는 눈, 본질을 알 수 있는 안목을 키워주고자 노력하였다.

나는 영국에서 1년 정도 공부했고 아내는 6개월 정도 체류했다. 어찌되었든 우리 두 사람은 청춘시절의 한 페이지를 영국에서 보냈던 것이다. 그리하여 그때 알게 된 사람들을 만나보고 싶은 마음도 있었다.

어떤 의미에서 볼 때, 시간이라는 것은 샐러리맨에게 있어서 돈 이상으로 중요하다. 그런데 우리의 여행계획은 일 때문에 추석연휴 때가 되어 버렸다. 게다가 비행기로 가려했지만, 가족 다섯 명이 탈 일반석은 예매가 끝난 상태였다.

할 수 없이 나는 이미 결심한 것을 실천하기 위해 정기예금을 몽땅 털어 비즈니스 클래스를 구입했다. 그 당시에 그것은 3,000만원 정도의 비용이 들었는데 내가 떨리는 손으로 여행사 직원에게 그 돈을 넘겨주던 일이 눈에 선하다.

회원이 되면 편리하다

유럽으로 날아간 우리는 독일, 프랑스, 영국을 여행할 계획을 세우고 먼저 독일에 살고 있는 친구의 집을 방문했다. 독일에 사는 친구는 P&G사에서 일하고 있었는데, 소비자로써 암웨이를 이용하고 있었다. 본인이 생활용품 회사에 다니면서 암웨이 제품을 사용한다는 말에 의아해진 나는 이렇게 물었다.

"왜 네가 다니는 회사의 제품을 사용하지 않지?"

"무슨 바보 같은 소리야. 내가 좋아하는 제품을 사용하는 것은 당연한 일이지."

그런데 그 친구는 비즈니스로서 암웨이를 하고 있는 것이 아니라,

단순히 소비자로서 암웨이 제품을 사용하고 있었다. 그리고 그 친구는 이런 이야기를 들려주었다.

"암웨이는 믿을만한 회사야. 그리고 회원이 되면 편리한 점이 아주 많지."

▶ 히미꼬 ··

제가 암웨이를 만나게 된 계기는 '다중구조의 스테인리스 조리기구'에 있습니다.

친구가 만든 치즈케이크의 맛있는 냄새에 이끌려 그 조리기구에 관심을 기울이게 된 것입니다. 그렇다고 내가 막연히 '좋다'라는 느낌으로 암웨이를 시작한 것은 아닙니다. 5종류의 냄비를 두고 무게, 편리성, 가격, A/S 등 여러 가지 면을 비교 분석한 결과 암웨이 제품이 마음에 들었는데, 일단 회원이 되면 싼값에 구입할 수 있다는 말에 선뜻 사인을 했던 것입니다.

그렇다고 제가 처음부터 암웨이의 성공 시스템에 관심을 기울인 것은 아닙니다. 단지 암웨이 제품이 너무도 좋았기 때문에 조금씩 사용하는 제품의 수가 늘어가면서 더불어 보너스도 늘어갔던 것입니다. 저는 제가 사용했던 경험을 아는 사람들에게 전해주는 것만으로도 즐거웠으며 때로는 제품의 진실에 대해 제대로 전달하지 못하는 경우도 있었지만 저의 네트워크는 조금씩 넓어지고 있었습니다.

특히 그 당시에는 40대 남자들의 과로사가 자주 TV에 오르내렸고 제 남편 역시 늘 일에 치이는 생활을 하고 있었기에 나름대로 뭔가 대책을 세워놓아야겠다는 생각을 하고 있었습니다. 그리하여 제가 남편의 부담을 조금이라도 덜어주면 남편이 하루종일 일에 매달리지 않아도 될 것이라는 생각으로 부업을 시작했습니다.

그때, 제품마다 나름대로 포인트가 있고 네트워크가 확장됨에 따라 레벨이 올라가며 더불어 보너스가 증가한다는 사실을 알게 되었습니다. 특히 암웨이 수입은 평생수입이고 더욱이 본인의 사후에도 자식들이나 손자들에게 물려줄 수 있다는 매력이 있었기에 사업을 안 할 수가 없었습니다.

세상에는 능력이 있으면서도 그 능력을 살릴 기회를 잡지 못해 아까운 재능을 썩히는 경우도 많습니다. 그런 면에서 볼 때, 저는 행운을 잡은 것이라고 할 수 있습니다.

물론 처음에는 암웨이 사업을 통해 벌어들이는 수입이 아주 작았습니다. 하지만 암웨이 사업을 하다보면 각계각층에서 일하는 다양한 사람들을 섭할 수 있기 때문에 그들로부터 많은 것을 배울 수 있습니다.

'사람이 모이는 곳에 정보가 있다' 는 말은 진실입니다.

특히 주부들 중에는 피아노 선생님이나 학습지 선생님 혹은 여러 가지 프리랜서 활동으로 부수입을 올리는 사람들이 많습니다. 저 역시 전에 여러 가지 부업을 해본 적이 있지만, 일단 병이라도 나게 되면 수입은 없어지고 맙니다. 그러한 부업을 하면 언제나 수입과 시간이 서로 줄다리기를 하게 됩니다.

하지만 암웨이 수입은 다릅니다.

저는 '아직 암웨이에서 성공하는 사람은 빙산의 일각에 지나지 않는다'라는 말을 들었을 때, '나도 바다 밑에만 잠겨 있을 것이 아니라 바다 위로 얼굴을 내밀어 보자'라는 생각을 갖게 되었습니다. 그리고 남편이 아무리 반대를 하더라도 '이것만은 반드시 해보자'라는 결심을 다지게 되었습니다.

가족의 모든 생계를 남편에게 의존하는 것보다 제가 돈을 벌어 남편의 부담을 가볍게 해주고 싶었던 것입니다.

뭔가가 잘못되어 있었다

▶ 사치오

같은 말이라도 시간과 장소와 상대가 바뀌면 다르게 들릴 경우가 있다. 아내에게 암웨이에 대한 이야기를 들었을 때에는 별다른 관심이 없었는데, 독일 친구가 암웨이를 믿을 만한 회사라고 말하자, 생각이 달라졌던 것이다.

그 당시, 나는 노동시간의 단축이라는 문제에 몰두해 있었다. 실제로 독일의 노동시간은 1,500시간으로 정해져 있었지만, 국민총생산은 다른 선진국에 비해 그다지 차이가 나지 않았던 것이다. 그런데 아무리 연구를 해도 내가 납득할 만한 점은 없었다. 그 이유를 독일 친구에게 묻자, 그는 이렇게 대답했다.

"그것은 한 회사에서 일하는 시간은 짧지만, 여분의 시간에 다른 곳에서 일하기 때문이야."

"그렇다면 그것은 통계의 술수에 지나지 않는군."

"중요한 것은 이제 하나의 직업을 통해 삶의 만족을 추구할 수 있는 시대가 아니라는 점이지."

나는 그 말을 듣고 '이제는 우리도 바뀌어야 한다'는 생각을 굳히게 됐다. 하루는 독일 친구와 함께 가족들을 데리고 세계에서 가장 아름답다는 성을 보러 갔다. 그런데 그곳에서 독어도 영어도 아닌 익숙한 모국어의 소리가 들려왔다.

"이 성은 정말로 아름답군요."

"그래, 내년에는 캐나다로 가는 것이 어때?"

가족처럼 보이는 그들은 이런 이야기를 주고받았는데, 그 말을 듣는 순간 내가 얼마나 자유롭지 못한 삶을 살아왔나 하는 것을 깨닫게 됐다.

나는 잘못 알고 있었다. 나는 그저 주어진 일을 열심히 하면 내가 원하는 것을 얻을 수 있을 것이라 생각하고 일에 파묻혀 지냈던 것이다. 진정으로 내가 원하는 것이 무엇인지 알지도 못하면서 말이다.

'이것은 잘못된 생각이 아닌가? 물론 열심히 노력하는 것은 중요하지만, 그것보다 더 중요한 것은 어떤 곳에서 노력하느냐가 아닐까?'

나는 진정으로 많은 생각을 했고 시대가 변했음을 실감했다. 더불어 '이제부터는 정말로 암웨이밖에 없구나' 라는 생각을 갖게 됐다.

아내는 이미 암웨이를 시작한 상태였다. 남편이 샐러리맨이고 아이들이 셋이나 되니까 아무래도 또 다른 수입이 필요하다고 생각했던 모양이다. 특히 고등교육을 받은 아내는 가부장적인 패턴에 얽매여 단순히 남편을 뒷바라지하고 아이들을 양육하는 것으로 인생을 끝마치고 싶은 생각이 추호도 없었던 것이다. 그러한 의식을 지닌 그녀에게 당당히 자기 자신의 역할을 찾아 활기차게 살아가는 암웨이 IBO들은 신선한 충격이었을 것이다.

더불어 그녀는 암웨이의 우수성을 직접 느끼고 싶어했다.

물론 그 당시 나는 암웨이 비즈니스에 관심도 없었고 또한 잘 알지도 못했다. 그리고 기존의 편견에 사로잡혀 있던 나는 '무점포 사업' 이나 '광고를 하지 않는 기업' 이라는 점이 의심스러웠다. 그리하여 만에 하나 아내가 그 사업에 깊이 개입해 손해를 보는 일이 있더라도 내가 만회해줄 생각으로 따로 1,000만원을 준비해두고 있었다.

직장의 한계를 느끼고

아내가 암웨이를 하고 있음을 잘 알면서도 암웨이는 오랫동안 나의 관심영역 안으로 들어오지 못했다. 아마도 나뿐만 아니라 대부분의 남편들이 그렇게 행동할 것이다.

사실, 샐러리맨은 일개 노동자에 지나지 않는다. 자신이 다니는 회사 이외의 일에 대해서는 거의 신경 쓸 틈이 없는 것이다. 어쩌면 애초부터 그럴 생각조차 없는지도 모른다. 하지만 해외여행을 계기로 나의 가치관에 많은 변화가 찾아들었다. 우선 내가 지금까지 걸어온 길을 완전히 바꿔보아야겠다는 생각을 했다.

독일에서 머물던 어느 날 저녁, 아내와 나는 아이들을 재우고 호숫가를 거닐었다.

"여보, 나도 한 번 해볼까?"

아내는 평소에 내가 암웨이를 했으면 하는 눈치를 보였지만, 한 번도 그러한 생각을 입밖으로 표현한 적은 없었다. 그때까지 그녀는 나에게 암웨이를 권한 적이 없었던 것이다. 그리고 그러한 그녀의 행동은 옳았다. 나의 의식이 변화되지 않은 상태에서 아무리 권해보았자, 그것은 시간낭비였을 것이다.

나는 아내가 몹시 기뻐할 것이라는 생각으로 아내에게 나의 생각이 변했음을 넌지시 알려주었는데, 아내의 반응은 의외로 차분했다.

"뭘 말이에요?"

아내가 시큰둥한 반응을 보이자, 나는 왠지 모르게 소외감이 느껴졌다.

"뭐라고! 사실 나는 암웨이를 해보려고 했는데, 당신이 이 정도의 반응을 보이니 그만두는 것이 좋겠군."

쓸데없는 권위의식이었지만, 사실 그때만 해도 암웨이에 대한 나의 의식은 그 정도였다.

▶ 히미꼬

가끔 동료들이 이렇게 묻곤 합니다.

"그렇게 반대하던 남편의 마음을 어떻게 바꿔놓았죠?"

그렇지만 제가 남편의 생각을 바꾸려고 노력한 적은 한 번도 없어요. 나까지마 가오루 씨는 간혹 '과거와 타인은 변하게 할 수 없지만, 미래와 자신은 변화시킬 수 있다'고 말합니다. 저는 그저 '내가 변하면 남편도 분명 변할 때가 올 것이다'라는 확신을 갖고 있었을 뿐입니다.

남편은 고정된 월급을 벌어들이기 위해 마시고 싶지 않은 술을 마셔야 하고 어떤 경우에는 휴일도 없이 출근을 해야 했으니까요. 그러한 남편의 모습을 보면서 생활의 여유와 꿈을 주는 것이 제 역할이라 느꼈기에 그저 실천으로만 보이려 했을 뿐입니다. 사실, 그 당시에 남편에게 무슨 말을 했더라도 남편은 거부반응을 보였을 것입니다.

그래서 남편이 저의 변화를 눈치채도록 하기 위해 여러 가지로 노력했습니다.

대형 슈퍼마켓의 한계

▶ 사치오

내가 다니던 대규모 슈퍼는 일본에서도 '유통혁명'의 선구자라 불릴 정도로 앞서가는 유통업체였다. 그 회사의 창업자는 1957년에 처음으로 점포를 열었을 때, 장바구니를 직접 들고 셀프로 물건을 구입하며 현금으로 구입하는 대신 일정금액을 할인해주는 시스템을 도입했던 것이다.

그 당시 그가 이러한 유통시스템을 도입했을 때, 주위로부터 '그것은 유통업이 아니다' 혹은 '선진국을 모방하는 흉내쟁이' 라는 비난을 받았다. 하지만 지금은 이러한 유통방식이 당연한 것으로 되어 있다.

그러나 내가 암웨이를 알게 된지 얼마 지나지 않았을 때에는 이미 그 한계를 느끼고 다음 세대에 맞는 업태를 개발하고자 노력하는 중이었다. 즉, 슈퍼는 제조업체와 직접적으로 연결되는 것이 아니고 또한 외형적으로는 말단의 소비자와 연결된 것처럼 보이지만 사실은 하나도 연결되어 있지 않다는 단점이 있었던 것이다.

슈퍼에서 대량으로 물건을 판매하려면 많은 홍보비를 투자해야만 한다. 그런데 홍보비의 부담이 늘어나면 원가가 높아져 효율성이 떨어진다. 그리하여 직접구매, 중간유통의 배제로 원가를 절감하려 노력하지만, 결과적으로 그것은 그다지 성과가 없다. 왜냐하면 좋은 상품을 확보하기가 어렵기 때문이다. 대형 메이커에서 '싸게 파는 곳에 물건을 주지 않는 것' 으로 출하를 컨트롤하는 것은 당연한 일이다.

또한 슈퍼에서 물건을 싸게 팔면 남는 게 없으므로 종업원의 월급도 낮아질 수밖에 없다. 그리고 무엇보다 유통에 있어서 가장 중요한 것은 적정가격이다.

　내가 무엇보다 관심을 기울인 것이 바로 '적정가격'이다. 그때, 암웨이의 유통방식은 누구에게나 같은 가격으로 판매하는 공평한 시스템을 갖추고 있었기에 가격이 내려갈 염려가 없었던 것이다. 따라서 '이것이야말로 이상적인 시스템이구나' 라는 생각을 갖게 됐다. 어느 회사에서도 흉내낼 수 없는 그 시스템이야말로 암웨이의 강점이라고 여겼던 것이다.

심플한 비즈니스

　암웨이 비즈니스에서 무엇보다 중요한 것이 무엇이냐고 질문한다면, 나는 자주 모임을 가져 암웨이의 성공 시스템을 보다 많은 사람들에게 가르쳐주는 일에 힘쓰는 것이라고 대답하겠다.
　사실, 같은 조건에서 같은 시장을 상대로 그리고 같은 제품을 취급하더라도 사람마다 그 성과에 차이가 발생한다. 그 이유는 무엇일까?
　암웨이에서는 모든 사람들이 성공할 가능성은 있지만, 그렇다고 모든 사람들이 성공하는 것은 아니다. 물론 실패도 없다. 암웨이 시스템은 매우 간단하고 실천하기도 쉽기 때문에 그것을 반복하면 성공하게 된다. 이때, 중요한 것은 '어떻게 움직였나' 보다 '어떻게 해석했는가' 이다. 바로 여기서 차이가 나는 것이다.
　가능한 한 성공자의 이야기를 많이 듣도록 하라. 물론 이 비즈니스는 제품과 성공 시스템을 강조하지만 결국 생각하는 방법을 가르치는 비즈니스이다. 따라서 '어떻게 살아갈 것인가?' 라는 삶의 모습, 즉 플랜과 가능성 위에 제품을 싣고 그것을 상대방에게 제대로 전해주는 것이 성공의 열쇠가 된다. 그러므로 그 해석의 정도가 중요한 것이다.

사람들은 나름대로 다른 가치관을 지니고 있다.

따라서 '돈을 벌고 싶다' 라고 같은 생각을 할지라도 그것을 달성하는 길은 다를 수밖에 없다. 이것은 곧 같은 것을 전달할지라도 표정이나 그밖에 여러 가지 조건들이 매우 중요하다는 것을 의미한다. 상대방에게 맞는 방식으로 전달하지 않으면 이쪽이 원하던 결과를 얻을 수 없기 때문이다.

예를 들어 매달 50만원을 버는 사람에게 '억만장자가 될 수 있다' 라고 말하면 황당한 이야기로 치부하고 말 것이다. 또한 차를 타지 않는 사람에게 '벤츠를 살 수 있다' 라고 말한다면 전혀 관심을 끌 수 없다. 그리고 너무 돈을 밝히는 듯한 태도는 상대방에게 불쾌감을 안겨줄 수도 있다.

특히 비즈니스에 있어서 첫인상은 매우 중요하므로 주의해야 한다. 처음 시작할 때, 잘못되어 버리면 그 이미지를 바꾸기가 쉽지 않기 때문이다.

그래서 나는 암웨이 비즈니스의 기회는 '오직 한 번뿐' 이라고 강조한다. 물론 상대방이 무대위로 올라와 주기만 한다면 그때부터는 확실한 것을 말해도 좋다. 하지만 그 이전에는 상당한 주의를 요한다. 왜냐하면 암웨이로 성공하느냐 그렇지 못하느냐는 그야말로 시작하는 방향에 달려 있기 때문이다.

암웨이는 이제 대기업으로 성장했다. 그와 더불어 기업으로써의 책임도 커졌다. 그렇다면 그러한 책임은 누가 져야 하는가? 당연히 독립사업자로 사업을 전개하는 IBO들이다. IBO 한 사람 한 사람의 언어, 행동, 사고는 전체 암웨이를 대표한다. 그리고 앞으로는 사회에서 IBO들을 바라보는 시선이 더욱더 엄격해질 것이다.

그렇게 되면 단순히 '돈만 강조하는 것' 만으로는 성공하기 어렵다. 나름대로의 철학이 필요한 것이다. 다시 말해 이제 암웨이는 사람들의 마음을 움직이는 기업으로 거듭나야 한다.

▶ 히미꼬

가족과 함께 영국으로 여행을 떠나자는 제안은 제가 한 것입니다. 그것은 영국 유학 중에 만났던 친구에게 암웨이를 전해주고 싶었기 때문입니다. 그 당시 국제사업을 하고 싶었던 저는 미리 준비한 비디오를 가지고 갔습니다. 하지만 기종이 달라 아무런 쓸모가 없었습니다. 할 수 없이 저는 온갖 바디랭귀지를 동원해 열심히 설명했습니다.

그런데 그것이 남편의 마음을 움직여 암웨이를 들려줄 수 있는 기회가 되었죠. 사람은 입뿐만 아니라 눈, 목소리 그리고 전신에서 풍기는 모든 분위기로 상대방에게 이야기한다고 생각합니다.

독일의 호숫가에서 남편이 '한 번 해볼까?' 라고 말했을 때, 저는 속으로 '됐다' 라고 쾌재를 부르고 있었습니다. 하지만 3년 동안이나 강하게 반대를 해왔기에 저는 기쁜 내색을 감추고 시큰둥한 반응을 보였죠. 그러면 남편의 의지를 더욱더 다질 수 있을 것 같아서요.

그런데 남편은 암웨이에 대해 처음에는 머리로만 알고 있는 것 같았습니다. 그리고 유통업체에서 10년 이상 일 해왔기 때문에 처음에는 많이 망설였습니다. 그러한 남편에게 저는 암웨이에는 실패가 없다고 열심히 가르쳤습니다. 또한 성공 시스템을 설명할 때에도 '주부에게 어려운 점'을 털어놓고 의견을 구하는 식으로 남편을 끌어들였습니다.

우리가 서로의 의견을 주고받을 때에는 간혹 큰소리로 대화하는 경우도 있었기 때문에 큰 아이가 걱정스러운 눈으로 '싸우지 말라'고 말하기도 했죠. 그때, 저는 '서로의 생각을 말하는 거야' 라고 달래곤 했습니다.

그 당시, 제가 남편으로부터 받은 느낌은 '오랫동안 샐러리맨으로 세뇌되어 왔기 때문에 그 먼지를 씻어내는데 많은 시간이 걸릴지도 모르겠다' 는 것입니다.

진정한 수입은 '권리수입'

▶ 사치오

암웨이의 가장 큰 매력은 뭐니뭐니해도 노력한 만큼 정확하게 대가를 받을 수 있다는 점이다. 그리고 또 다른 매력은 바로 '가능성'이다. 즉, 하면 되는 것이다. 또한 사업이 쉽고 자유로운 시간을 가질 수 있으며 마음이 맞는 친구가 생긴다는 매력도 있다. 동시에 각계각층의 다양한 사람들과 인간관계를 맺을 수 있다는 점도 빼놓을 수 없는 장점이다.

사람과 제품 사이에 '가능성'이라는 것은 존재하지 않는다. 더욱이 제품과 제품 사이에는 가능성이라는 것이 있을 수 없다. 가능성이라는 것은 어디까지나 인간관계 속에서 커지는 것이다.

암웨이에서는 인간관계를 넓히면서 성공 시스템을 반복해 실천하면 '권리수입'이 크게 불어난다. 이것이 바로 암웨이의 커다란 매력 포인트이다.

'권리수입'이란 한 마디로 말해 '시간을 저축하는 것'이라고 할 수 있다. 즉, 현재의 노력에 대해 미래에도 지속적인 현금수입이 들어오는 것이다.

그것과 더불어 암웨이의 또 다른 매력은 '함께 성장한다'는 점이다. 인생을 살아가면서 무엇보다 행복한 일은 '자신이 원하는 시간에 원하는 사람들과 함께 할 수 있다'는 것이다. 암웨이 사업에서는 그것이 가능하다.

나는 고베 대지진을 겪으면서 부동산 등에 의한 임대수입이 재해에 얼마나 형편없이 약한가를 알게 됐다. 부동산은 천재지변 앞에서 권리수입을 보장하지 못하는 것이다. 그 당시 화재로 인해 건물이 모두 붕괴해 버리고 땅이라도 팔아보려는 사람들이 많았지만 제값을 받은 사람은 거의 없다. 게다가 정부에서 21세기의 미래형 도시를 만든다는 명목으로 구획정리를 했기 때문에 자기 땅이라고 해 마음대로 집이나 건물을 지을 수 없게 됐다. 그리고 정부에서 보상이라고 내놓은 돈은 형편없는 수준이었다.

본래 권리수입이란 어떠한 일이 있어도 꼬박꼬박 현금이 들어오는 것을 말한다. 매월 정해진 현금이 들어오지 않으면 권리수입이라고 할 수 없다. 그런 의미에서 볼 때, 부동산을 소유하는 일은 권리수입을 보장받기에 문제가 있다고 볼 수 있다.

특히 부동산을 통해 권리수입을 얻으려면 우선 거액의 돈을 투자해야 한다. 부모로부터 물려받지 않는 한, 막대한 돈을 투자하지 않으면 토지나 건물을 소유할 수 없는 것이다.

또한 저작권을 통해 인세를 벌어들이려면 재능이 있어야 한다. 그렇기 때문에 권리수입을 얻는 것은 쉽지 않은 일이다.

흔히 샐러리맨들이 직장을 그만두고 독립을 하려 할 때, 많이 생각하는 것이 편의점이다. 하지만 그것을 시작하려면 많은 자본이 투자되어야 한다. 물론 은행에서 돈을 빌리는 방법도 있지만 그렇게 사업을 시작하면 직장에 다닐 때보다 노력은 더 많이 투자하면서도 수익은 월급보다 적은 사태를 맞이할 수도 있다.

그리고 편의점 같은 사업은 가족들의 도움이 필요하므로 가족도 희생된다. 여기에서 무엇보다 두려운 것은 계속 쌓이는 재고품이다. 그것은 현금의 순환을 가로막고 결국은 도산의 원인이 되기 때문이다. 하지만 이 모든 문제를 해결했다 해도 가까운 곳에 경쟁자가 생기면 또 다시 어려워진다.

권리수입을 얻기 위해 많은 자본을 투자하는 것은 이처럼 위험이 있는 것이다. 그런데 더욱더 커다란 문제는 대부분의 사람들에게 권리수입을 위해 투자할 만한 자본이 없다는 점이다. 그렇기 때문에 권리수입을 얻기 위한 시도를 해보는 것조차 쉽지 않다.

의미 없는 공포감에서 탈출하는 법

샐러리맨 사회에서 종신고용이나 연공서열이라는 말은 사라진지 오래이다. 그렇기 때문에 최근에는 많은 샐러리맨들이 제2, 제3의 직업을 찾아 각종 자격증을 따거나 틈틈이 부업을 하는 경우가 많다. 어쩌면 그러한 이유로 인해 암웨이 IBO들이 갈수록 증가하고 있는 것인지도 모른다.

샐러리맨이 부업으로 암웨이를 전개하면 두 가지 이점이 생긴다.

하나는 부수입을 올릴 수 있다는 것이고 다른 하나는 그러한 수입으로 인해 자신감이 생긴다는 것이다. 특히 요즘의 샐러리맨들은 언제 구조조정의 바람이 몰아칠지 몰라 늘 좌불안석이다. 그렇기 때문에 늘 상사의 눈치를 살피기 바쁘다. 그런데 상사라는 존재는 꽤나 변덕이 심한 편이다.

예를 들어 어느 지점의 지점장이 '이 매장은 그런 대로 괜찮군' 이라는 평가를 했더라도 그 위에 있는 사람이 내려와 '매장이 이게 뭔가!' 라는 한 마디만 하게 되면 지점장은 180°로 태도를 바꿔 '빨리 다시 해!' 라고 고함을 지른다. 그리고 마치 잘못이 아랫사람들에게 있는 것인 양 꾸짖는다.

그리하여 아랫사람들은 이래저래 스트레스가 쌓이게 된다.

이때, 재미있는 사실은 직장 이외에 또 다른 수입원이 확보된 사람은 그러한 상황에 대해 자포자기나 비굴한 자세가 아니라 객관적으로 침착하게 대응할 수 있다는 점이다. 그리하여 변덕이 심한 상사에게 "그것은 옳지 않습니다. 제 생각은 이렇습니다." 라고 과감하게 말할 수 있다. 또한 "그것을 고쳐야 한다면 어떻게 해야 하는지 구체적으로 가르쳐주십시오." 라고 논리 정연하게 말할 수 있다.

어떤 경우에는 오히려 이렇게 당당한 자세가 상사에게 신뢰감을 주기도 한다. 그러므로 한 직장에 얽매여 늘 안절부절못하지 말고 제 2의 직업을 갖는 것이 좋을 것이다.

나 역시 직장에 다니면서 부업으로 암웨이 사업을 하고 있었기에 어떠한 상황에서든 나의 생각을 자신 있게 피력할 수 있었다. 그것이 가능했던 배경에는 나름대로의 생각과 수입이 있었기 때문이다. 또한 내가 회사에 사표를 냈을 때, 주위 사람들로부터 적극적으로 '그만두지 말라'는 권유를 받을 수 있었던 것도 그런 면에서 인정을 받았기 때문일 것이다.

암웨이의 미래

암웨이의 미래는 매우 밝다. 그러므로 암웨이의 IBO는 회사의 이념을 충분히 이해하고 제품전달과 스폰서링을 정확히 실천해야만 한다. 그리고 한 사람 한 사람의 IBO가 확실한 수입을 얻고 각자의 꿈을 실현한다면 그 다음에는 자신이 받은 만큼 사회에 환원해야 한다.

이것이 실현되지 않으면 암웨이의 미래는 허공에 뜨고 만다. 이미 암웨이는 눈부실 정도로 빠르게 성장해 왔다. 아마도 이러한 성장세는 앞으로도 지속될 것이다. 하지만 무엇보다 중요한 것은 사회적으로 주목을 받는 것이 아니라, 암웨이가 사회적 책임을 다하고 있는지 돌아보는 자세이다. 그리고 그러한 사회적 책임은 IBO에게도 지워진다.

그러므로 암웨이 회사는 물론이고 IBO들도 사회 속에서 더불어 함께 잘 살 수 있도록 노력하지 않으면 안 된다. 물론 암웨이 사업이 아직 초기단계라면 사회적 책임을 다하지 못해도 어느 정도 인정받을 수 있을 것이다. 하지만 이제 암웨이는 그러한 시기를 지났기 때문에 사회와의 협조 그리고 조화를 꾀해야만 한다. 또한 조화를 추구하는 단계를 지나면 아우프헤벤(Aufheben : 두 개의 상반되는 개념을 더 높은 개념으로 통일하는 것)이 온다. 즉, 모순되는 것을 한 단계 더 높은 차원에서 통일해 해결하는 것이다.

앞으로 암웨이는 그러한 방향으로 갈 것이다. 어쩌면 그것은 암웨이기 때문에 이룰 수 있는 단계인지도 모른다. 지금 암웨이는 사회적 협조를 넘어서서 사회와의 조화 단계에 와 있다. 그리고 그러한 조화 속에서는 독자성이 발휘된다. 이 단계에서는 암웨이사는 물론이고 IBO로서 성공한 사람도 얻은 것의 일부를 사회로 환원하는 것이 중요하다.

그렇게 돌려줄 수 있기 때문에 '풍요로운 것'이 좋은 것이다. 남을 도울 수 있다는 것은 얼마나 마음이 넉넉하고 즐거운 일인가! 그러나 자기 자신이 풍요롭지 못하면 타인을 도울 수가 없다. 그리고 언제 어디서든 잊지 않아야 할 것은 암웨이의 창업정신이다.

어떤 사회에서든 결국 무너지는 회사는 시간이 흐르면서 기업이념이 변질되었기 때문이다. 그렇기 때문에 무엇보다 주의할 것은 암웨이가 창업이래 지켜왔던 '평등'이라는 이념이다. 진정한 '평등'이 언제까지나 현장 속에 살아 있어야 하며 다른 한편으로 불평등이 침투하지 않도록 늘 경계해야 하는 것이다.

설사 하고 있는 일이 선의에 의한 것이라 해도 결과적으로 불평등이 생기는 일이 없도록 해야 한다. 왜냐하면 암웨이는 회사와 IBO간의 신뢰관계가 기본 바탕이 되는 비즈니스이기 때문이다.

이것만 지켜진다면 암웨이는 앞으로도 더욱더 커갈 것이다. 물론 IBO 역시 정확히 윤리강령을 지키며 비즈니스를 전개해 나가야만 한다.

AMWAY

5

'취미와 이익'을 얻는 일석이조의 즐거움

암웨이는 가능성이 무궁무진하다(이또 다쯔오/사요꼬)

한 편의 드라마 같은 만남

▶ 다쯔오 ··

흔히 '인생은 드라마'라는 말을 많이 하지만, 우리 부부가 암웨이와 만난 것도 돌이켜보면 하나의 드라마처럼 느껴진다.

사회에 첫발을 외식업으로 시작한 나는 독특한 마케팅으로 그럭저럭 사업을 잘 꾸려나갔다. 무엇보다 내가 원했고 좋아했던 일이기에 재미가 있었던 것이다. 그러던 어느 순간, 하루종일 가게에만 매달려야 하는 나 자신을 돌아보며 '앞으로도 계속 이 일을 해야 한다면 나의 개인적인 삶은 어디에서 찾게 되는가?'라는 의문을 갖게 됐다.

그 무렵, 나는 사요꼬를 알게 됐고 얼마간의 연애 끝에 결혼을 했다. 그리고 가게를 정리해 미국에서 뭔가 새로운 비즈니스를 시작하려는 계획을 세웠다. 하지만 미국은 치안상태가 믿을 만 하지 못하다는 판단에 평소에 동경하던 호주로 가서 6개월 정도 해외생활을 해보기로 했다. 그런데 나의 결심을 들은 친구가 그들 부부도 함께 호주로 가고 싶다는 희망을 전해왔고 우리는 집의 임대료를 반반씩 부담하기로 하고 함께 시드니로 떠났다.

그때가 1983년으로 우리는 해외생활을 즐기게 되었는데, 얼마 지나지 않아 친구에게 사정이 생겼고 결국 우리 부부는 모든 임대료를 부담해야만 했다. 그리하여 우리가 생활비 걱정을 하고 있자, 호주에서 알게 된 어떤 분이 빈방을 갖고 있는 자신의 친구를 소개해 주었다.

우리는 그 집 부부에게 정말로 따뜻한 응대를 받았다.

그 후, 어느 정도 정착된 생활을 하게 되자 나는 뭔가 새로운 타입의 비즈니스를 알아보기 위해 여러 가지 조사를 하고 있었다. 그런데 배운 것이 도둑질이라고 눈에 띄는 것은 내가 충분히 경험했던 외식업 쪽으로 쏠리고 있었다.

하지만 아무리 호주를 뒤져보아도 외식업 쪽에는 특별한 것이 없었다. 오히려 내가 하던 외식업을 호주에 도입하면 성공할지도 모른다는 생각이 들었다. 그곳 사람들에게 일본의 잡지를 보여주며 이렇게 하면 성공할 것이라고 말해주고 싶을 정도로 외식업이 뒤떨어져 있었던 것이다.

우리가 새로 이사한 집은 호리 신이치로와 우매꼬 부부가 살고 있었는데, 암웨이를 비교적 빨리 시작한 아리마 씨가 처음으로 스폰서 한 사람들이었다. 그 당시 아리마 씨와 같은 맨션에서 살았던 인연으로 암웨이를 전해들은 호리 씨는 처음 3년 동안 그저 단순한 소비자로 남아 있었다. 일본에서 커피숍을 운영하던 호리 씨는 장래성이 불투명하다는 생각에 가게를 접고 뭔가 새로운 아이템을 얻어보려 호주로 왔던 것이다.

사실, 커피숍을 정리하고 새로운 비즈니스를 찾아 호주로 왔다는 면에 있어서는 나와 비슷한 점이 많았다. 게다가 우리는 나이도 같았다. 그런 이유에서 우리는 서로 친한 사이가 되었는데, 특히 남을 배려할 줄 아는 그들 부부의 태도는 우리에게 강한 인상을 남겼다.

현금반환을 해주는 놀라운 시스템

▶ 사요꼬

어느 날, 식사를 끝내고 제가 그릇을 씻고 있자 호리 씨의 부인이 이렇게 말했습니다.

"그 세제 참 좋죠? 암웨이 것인데 품질이 아주 좋아요."

물론 제가 여기까지 들었으면 그저 '어느 회사의 제품이 마음에 드나 보다'라고 생각하고 말았을 것입니다. 그런데 그녀는 이렇게 덧붙이더군요.

"사용해 보고 마음에 들지 않으면 반품도 되고 현금으로 반환해주기도 해요."

"정말이에요?"

저는 너무 놀라 큰소리로 물었습니다.

"물론이에요."

호리 씨의 거실에는 벽의 여기저기에 일본에 있었을 때의 사진이 걸려 있었습니다. 그리고 호주에 오기 직전, 송별회를 열어주었던 사람들의 사진 속에는 아리마 씨 부부도 있었죠.

"이 사람은 암웨이 사업으로 엄청난 수입을 벌고 있어요."

호리 씨의 아내가 이렇게 말해주었지만, 저는 그저 남의 일처럼 받아들였을 뿐입니다. 그러나 "그 세제 참 좋죠?"라는 말이 왜 "암웨이 사업으로 엄청난 수입을 벌고 있어요"로 연결되었는지에 대해서는 의아하게 생각하고 있었습니다. 그리고 커다란 자본 없이 시작할 수 있는 사업이고 제품을 사용해본 뒤에 마음에 들지 않으면 100% 반품되거나 현금으로 돌려 받을 수 있다는 말을 들으며 저는 '만약 그게 사실이라면 대단히 양심적인 회사'라고 생각했습니다.

물론 그때까지는 아직 '나도 암웨이를 한 번 해보자'라는 생각이 없었습니다. 다만, 호리 씨 부부와 함께 생활하면서 알게 모르게 암웨이가 화제로 떠오른 경우가 몇 번 있었을 뿐입니다.

그것은 "식기세제는 디쉬드랍스 그리고 청소에는 다목적 L.O.C가 좋다"라는 정도였죠. 그런데 어느 새 저는 암웨이 비즈니스를 조금씩 이해하기 시작했고 그것이 '이것 재미있겠는데?' 라는 생각을 할 정도로 발전했습니다.

그러던 어느 날, 저는 남편에게 말했습니다.

"여보, 암웨이라는 회사에 대해 들었는데 아주 재미있는 비즈니스 같아요. 우리도 일본에 돌아가면 그 사업을 한 번 해볼까요? 어쩐지 큰 비즈니스가 될 것 같은 예감이 들어요."

하지만 남편은 그때까지 '술을 한 잔 팔면 얼마' 라는 식의 감각밖에 없었기 때문에 "도대체 세제 몇 병 파는 것으로 무슨 큰 비즈니스가 된다는 거야."라고 핀잔을 주었습니다. 그리고 "세상에 그렇게 쉬운 일이 어디 있어. 괜한 생각하지 마."라고 쐐기를 박기까지 했습니다.

그 당시, 남편은 장사에 대해 어느 정도 자신감을 갖고 있었죠. 그렇기 때문에 당당하게 '장사를 해본 적이 없는 사람은 장사에 대해 이해할 수 없다. 경험도 없는 사람들이 장사를 두고 너무 쉽게 이야기한다' 라고 제 의견을 일축했던 것입니다.

하지만 저는 남편이 뭐라고 하든 처음으로 암웨이에 대한 이야기를 들었을 때, '미래에 대한 희망' 을 보았기에 '이것은 뭔가 다르다' 는 생각으로 비즈니스에 도전해볼 결심을 했습니다. 특히 저는 함께 생활하면서 곁에서 지켜본 호리 씨 부부를 매우 신뢰했기에 '그들이 나에게 불이익이 되는 것을 말해줄 리 없다' 라는 확신을 갖고 있었습니다. 오히려 '사람 좋은 그들이 몇 번이나 권할 때에는 뭔가 좋은 것이 있기 때문일 것이다' 라고 생각했습니다.

그렇지만 저는 '어떻게 비즈니스를 시작하면 좋은지' 에 대해 배우지 않았고 호리 씨 역시 함께 생활할 때 제품의 우수성을 직접 느끼도록 해준다거나 성공 시스템에 대해서는 설명해 주지 않았기 때문에 일본에 돌아왔어도 선뜻 그 사업을 시작하지 못했습니다. 암웨이를 시작하고 싶은 생각은 간절했지만, 성공 시스템에 대해 정확한 내용을 듣지 못했기에 누구에게 어떻게 이야기해야 좋을지 모르는 상태에서 얼마간의 시간이 흘렀습니다.

그때, 남편은 귀국을 한 후에도 마음에 드는 일을 찾지 못해 1년 가까이 실업자 상태에 있었죠. 물론 얼마간의 저축이 있었기에 경제적으로 쪼들린 것은 아니었지만, '이대로는 안 된다'라는 생각에 저는 아르바이트 자리라도 얻기 위해 여러 가지 조사를 했습니다.

하지만 저는 시간에 구속받는 것을 싫어했고 일정한 시간에 출퇴근을 하고 싶은 마음은 더욱더 없었습니다. 그리하여 마음에 맞는 일을 찾지 못하고 방황하는 사이, 호리 씨 가족이 일본으로 돌아오게 되었습니다. 그런데 그들은 나리타공항에 도착하자마자 전화를 걸어 이렇게 말했습니다.

"지금 공항에 도착했어요. 이대로 집으로 돌아가면 당신들을 만날 기회가 없을 것 같아서 지금 만나고 갈 계획인데 괜찮아요?"

물론 우리는 대환영이었죠. 어쩌면 호리 씨가 집으로 돌아가기 전에 우리를 먼저 만난 목적은 우리에게 암웨이를 정확하게 알려주고 싶었기 때문인지도 모릅니다. 사실, 호주에 있을 때 그들은 우리에게 암웨이에 대해 수박 겉 핥기 식으로만 알려주었던 것입니다.

그렇게 다시 만난 우리 네 사람은 2개월 정도 함께 생활했습니다. 호리 씨는 다시 일본에 돌아오긴 했지만 다시 커피숍을 할 생각은 없는 것 같았고 오히려 '방랑생활'을 즐기고 있는 것처럼 보였습니다. 그러던 어느 날, 호리 씨의 아내가 저에게 이렇게 말했습니다.

"우리 암웨이 세제를 한 번 실험해 볼래요?"

"좋아요."

제가 흔쾌히 승낙하자, 그녀는 손거울과 디쉬드랍스를 준비한 다음 그것을 제가 사용하고 있던 타사의 식기 세제와 서로 비교하며 처음으로 제품의 우수성을 증명해 보였습니다. 그리고 그것을 본 저는 '이렇게 다르다니!' 라고 깜짝 놀라며 그 날로 제품을 바꿔버렸습니다.

그로부터 얼마 지나지 않아 아리마 씨의 남편이 우리 집에 있는 호리 씨에게 전화를 걸어왔습니다. 어쩌면 그때 호리 씨 부부는 '이것이 기회이다' 라는 생각을 했을지도 모릅니다. 그들은 아리마 씨의 남편에게 전화를 받은 다음, 우리에게 '그 사람을 초대해도 될까요?' 라고 물었던 것입니다.

우리는 이미 거리낄 것 없는 사이로 발전했기 때문에 '상관없다'고 대답했습니다. 그리고 아리마 씨의 방문으로 우리는 암웨이의 성공 시스템에 대해 많은 것을 알 수 있었습니다.

일석이조의 비즈니스

물론 그 자리에 함께 생활하던 우리 네 사람만 있었던 것은 아닙니다.

아리마 씨가 온다는 얘기를 들은 저는 남편의 여동생 부부와 친구들에게 '어쩌면 부자가 될 수 있는 기회가 될지도 모르니까 함께 이야기를 들어보자'고 해 10여명 이상을 모이게 했던 것입니다. 하지만 아리마 씨가 진지하게 이야기를 시작했어도 누구 하나 흥미를 보이지 않았습니다. 남편 역시 그들처럼 무관심한 표정을 짓고 있었습니다. 남편은 처음부터 '세제 한 병 팔아 도대체 몇 푼이나 벌겠다는 것인가?'라는 생각을 갖고 있었던 것입니다.

그리하여 많이 모이기는 했지만, 그들의 신경은 다른 곳에 가 있었습니다. 오직 저만이 열심히 아리마 씨의 이야기에 귀를 기울였을 뿐입니다. 그리고 아리마 씨의 이야기를 모두 듣고 난 저는 그 자리에서 회원으로 가입했습니다. 하지만 사전에 남편을 절대로 귀찮게 하지 않겠다는 약속을 해야만 했습니다.

▶ 다쯔오

사요꼬가 사업을 시작한 지 얼마 지나지 않아 나 역시 암웨이 사업에 흥미를 갖게 됐다. 어쩌면 아내가 즐겁게 일하고 있는 반면, 할 일 없이 놀고 있는 나 자신이 한심하게 느껴졌는지도 모른다. 사실 나는 '어떤 일이라도 하지 않으면 좋은 아이디어를 얻을 수 없다'는 생각을 하고 있었기에 여기저기 입사원서를 내놓기는 했지만 마땅한 자리가 나서지 않았다. 그래서 초조한 마음에 '어떤 일이든 상관없다'라는 마음이 있었는지도 모른다.

사요꼬가 암웨이를 시작한 것은 나에게 커다란 행운이었다. 사실 사요꼬는 나에게 '저축한 돈을 까먹고 있을 수만은 없다. 우리에게는 수입이 필요하다'라고 나를 설득했고 실업자였던 나는 할 수 없이 승낙한 것이었다. 그리고 그녀는 암웨이를 처음부터 비즈니스로 받아들였고 그 다음 날부터 행동을 개시했다.

▶ 사요꼬

아리마 씨는 저에게 암웨이의 진실을 하나 하나 가르쳐주었습니다.

"이 사업은 10명의 사람에게 10병의 세제를 판매하는 일이 아닙니다. 성공 시스템을 가르침으로써 10명의 사람들에게 가능성을 전해주고 선택은 상대방에게 맡기는 것이므로 당신은 단지 비즈니스를 전해주면 됩니다."

바로 그러한 설명 덕분에 저는 '그렇다면 나도 할 수 있다'라는 생각을 갖게 됐습니다. 좋은 정보를 제공하는 일이라면 자신이 있었던 것입니다. 저는 암웨이 사업을 단지 좋은 정보를 알려주는 일로 받아들였습니다. 제가 직접 제품의 우수성을 경험해 보았기 때문에 친한 친구도 저처럼 놀라게 해주고 싶다는 순수한 마음이 있었던 것입니다. 어쩌면 '제품의 우수성을 보고 어떤 표정을 짓게 될까?'라는 호기심이 있었는지도 모릅니다.

그런 의미에서 볼 때, 암웨이 사업은 재미와 실익을 누릴 수 있는 일석이조의 비즈니스라고 할 수 있습니다.

▶ 다쯔오

그때까지도 하는 일 없이 초조하게 시간을 죽이던 나는 아내가 즐겁게 일하는 것을 보고 괜히 신경이 쓰였다. 그리고 어느 새 아내가 나갔다 집에 돌아오면 '오늘은 어땠어?' 라고 묻게 됐다. 또한 나는 사람들이 집안에 들끓는 것을 워낙 좋아했기에 아내가 사람들을 집으로 초대해 모임을 갖는 것에 대해 저항감이 없었다.

그리하여 알게 모르게 내가 암웨이 사람들과 함께 하는 시간들은 점점 늘어나고 있었다.

그릇을 크게 해주는 비즈니스

암웨이 사업에 대해 내가 가장 큰 매력 포인트라고 느끼는 것은 바로 '인간 됨됨이의 그릇을 크게 해주는 비즈니스' 라는 점이다.

나는 나 자신에 대해 비교적 솔직하고 타인을 신뢰하는 편이라고 생각하고 있었지만, 암웨이를 시작한 이후 보다 긍정적으로 변한 나를 보고 가끔 놀라기도 한다. 그런데 나 뿐만 아니라 암웨이를 하고 있는 사람들을 보면 모두들 성격이 좋다. 그것은 모든 것을 긍정적으로 생각하는 습관이 생기기 때문일 것이다.

암웨이를 시작하면 '어차피 한 번뿐인 인생, 이왕이면 즐겁게 사는 것이 좋다' 라는 자세가 자연스럽게 싹트게 된다.

절대로 후회 없는 인생을!

▶ 사요꼬

저의 어머니는 제가 19세 되던 해, 암으로 돌아가셨습니다. 저는 어머니가 돌아가시기 6개월 전부터 병원에서 어머니를 돌봐드렸는데, 병원에 있으면서 여러 사람이 죽어나가는 것을 보게 되었습니다. 그러한 모습을 보면서 '사람은 언제 어떻게 될지 모른다. 그러므로 살아 있는 동안 후회 없는 삶을 살자'라는 결심을 하게 되었습니다.

그러한 결심 덕분에 저는 '내가 선택한 일에 대해서는 절대로 후회하지 않는다'는 자세를 갖게 됐고 암웨이를 시작했을 때, 매우 적극적이었습니다. 말이 통하지 않는 호주에서도 마음만 있다면 상대방과 통할 수 있다는 것을 체험했기에 저는 상대방에게 제 마음을 확실히 전할 수 있다는 확신이 있었습니다. 그리고 설사 상대방이 거절을 할지라도 '안 되면 그만'이라는 식으로 가볍게 받아들였기 때문에 실망하거나 좌절하는 경우는 없었습니다.

암웨이를 시작하면 자연스럽게 많은 사람들과 접하게 되므로 시간이 지날수록 쑥쑥 성장하고 있는 자기 자신을 느끼게 됩니다. 더불어 마음을 터놓고 사귈 수 있는 친구들이 늘어갑니다.

이러한 인간관계 네트워크는 삶의 가장 큰 재산입니다. 이것은 절대 돈으로 살 수 없습니다.

저는 개인적으로 암웨이에서 무엇보다 강력한 동기는 '경제적 자유를 누릴 수 있다'는 점이라고 생각합니다. 일단 경제적으로 자유로우면 여러 가지 일을 할 수 있으며 인생에 더욱더 활력을 줄 수 있기 때문입니다.

그리고 '나는 반드시 암웨이에서 성공할 것이다' 라는 강한 신념은 저를 성공의 길로 안내할 것임을 믿고 있었습니다. '반드시 하겠다' 라는 생각이 있으면 못할 것이 없는 법입니다. 특히 암웨이에서는 타인의 성공이 곧 자신의 성공으로 이어지기 때문에 그러한 마음자세는 자신의 성공은 물론이고 타인까지도 성공하게 하는 요인으로 작용합니다.

사업을 전개하면서 다른 사람의 성공과 성장과정에 긍정적인 영향을 준다는 것은 흔한 일이 아닙니다. 하지만 암웨이에서는 다른 사람의 변화에 의해 커다란 감동을 받는 경우가 많습니다. 누군가가 당신의 도움을 받아 성공적으로 변화한 후에 '내가 이렇게 변했습니다. 내가 이런 꿈을 이루었습니다' 라고 말하는 것을 들으면 눈물이 나올 정도로 감격하게 되는 것입니다.

암웨이에서는 많은 사람들과 만나 서로 협력하며 사업이 이루어지기 때문에 사람들 앞에서 말도 잘 못하고 주저하던 사람이 시간이 흐를수록 적극적이고 활달한 사람으로 변해갑니다. 그리고 그런 사람의 변화를 가까이에서 지켜보는 것은 매우 행복한 일입니다.

언젠가 아리마 씨가 이렇게 말했습니다.

"암웨이는 패밀리 비즈니스입니다. 예를 들어 고등학교에서 몇 년 동안 사귄 친구와 지금부터 평생동안 사귈 친구 중에서 어느 쪽이 더 중요하다고 생각합니까? 암웨이는 패밀리 비즈니스로 서로의 가족이 풍요롭게 살아가도록 만드는 일입니다."

그 말을 들었을 때 저는 '암웨이를 통해 성공하고 싶다'는 의지를 불태웠습니다.

지금 우리는 집 두 채를 나란히 지어 부모님과 함께 살고 있으며 그것도 시간적, 경제적으로 풍요를 누리고 있습니다. 그리고 우리 집에서는 고부간의 갈등이나 가족들간의 반목이 없습니다. 그것은 암웨이라는 공통된 매체가 있어 서로 즐거움을 나누고 있기 때문인지도 모릅니다. 아마도 암웨이 사업이 아니었다면 우리 역시 일반적인 사람들과 마찬가지로 이런저런 갈등을 겪으며 고통스러워했을지도 모릅니다.

▶ 다쯔오

사실, 나는 소년시절부터 어머니로부터 이런 얘기를 들으며 자랐다.

"결혼해서 너의 아내가 너보다 능력이 뛰어나게 되면 너는 너의 아내가 더욱더 성장하도록 뒷받침을 해주어야 한다."

어머니는 그 정도로 일하는 여성에 대해 긍정적이었고 이해심이 깊었던 것이다. 덕분에 사요꼬가 암웨이를 시작하려 할 때, 내가 선뜻 승낙할 수 있었던 것인지도 모른다.

자신의 가능성을 추구할 수 있다

▶ 사요꼬 ···

암웨이를 시작하고 나서 무엇보다 좋았던 것은 저의 '가능성'을 추구할 수 있게 됐다는 점입니다. 저는 그야말로 평범한 직장여성 중의 한 사람이었습니다. 그런데 얼마 전에 우연히 만난 고교시절의 친구는 저를 보고 마치 딴 사람 같다며 놀라워했습니다.

많은 사람들이 성공한 우리 부부를 보면서 '저 사람들이었기에 가능했다'라고 말하지만, 사실은 그렇지 않습니다. 누구나 할 수 있는 것이 바로 암웨이 비즈니스입니다. 암웨이는 누구에게나 공평한 사업기회를 제공합니다. 암웨이 사업을 통해 집에서 따분하게 시간을 때우던 주부가 활기찬 삶을 살아가게 된 사례는 매우 많습니다.

특히 제가 암웨이 사업을 시작하길 잘했다고 생각하는 이유 중의 하나는 부부가 언제나 공통의 화제를 가지고 대화할 수 있다는 점입니다.

물론 아이들이 어릴 경우에는 교육문제나 그밖에 여러 가지 화젯거리가 있을지도 모릅니다. 하지만 어느 정도 시간이 지나고 나면 남편은 회사 일로 머리가 복잡해져 가정을 등한시하게 됩니다. 그 결과, 아내와의 대화가 단절되고 집안의 분위기가 왠지 냉랭해지고 맙니다.

그러나 부부가 함께 암웨이를 하면 '다음에는 이렇게 해보자'라거나 '이 사람은 이런 장점이 있으니까 다음에 이 점을 격려해주자'

라는 식의 여러 가지 대화거리가 생겨납니다.

아마도 우리 부부는 보통의 샐러리맨 부부들보다 몇 배나 더 많은 대화를 나누고 있을 것입니다. 그리고 함께 있는 시간도 매우 많습니다. 사실, 일반적인 가정을 보면 비록 부부가 함께 살아간다고는 하지만 함께 보내는 시간은 의외로 짧습니다.

일반적으로 남편은 아침 일찍 출근해 저녁 늦게 돌아오는 경우가 많기 때문에 부부가 함께 얼굴을 맞대고 있는 시간은 길어야 서너 시간을 넘지 못하는 것입니다. 하지만 암웨이에서는 두 사람이 함께 하는 시간이 많습니다. 물론 사람에 따라서는 '늘 함께 있어야 하는 것은 좋지 않다'라고 생각하는 경우도 있지만, 저는 남편과 함께 일하는 것이 즐겁습니다.

특히 우리가 다른 사람에게 암웨이에 대해 이야기할 때, 무엇보다 강조하는 것은 '우리도 해냈다'는 점입니다. 물론 샐러리맨에게는 '미래에 대한 불안감은 없습니까?'라거나 '당신의 꿈을 실현하고 싶지 않습니까?'라고 물어보기도 합니다. 중요한 것은 우리가 어떤 말을 하든 우리의 따뜻한 진심을 담아 이야기한다는 사실입니다.

우리는 결코 겉으로만 그럴싸하게 포장하지는 않습니다.

간혹 우리는 '현재의 수입 이외에 다른 수입을 얻고 싶지 않습니까?' 혹은 '이 사업은 커다란 기회입니다'라고 말하기도 하는데, 가끔 '설마 그런 일이!'라거나 '나에게는 맞지 않는 일이다'라는 대답을 들을 때도 많습니다. 그럴 경우에는 '하고자 하는 마음만 있으면 누구나 성공할 수 있다'는 우리의 주장은 '설마'가 아니라 어디까지나 현실임을 알려줍니다.

그 이상으로 상대방을 설득하려 하지 않습니다. 왜냐하면 그것이 오히려 역효과를 불러올 수도 있기 때문입니다.

아이가 있기 때문에 더욱더 노력한다

특히 주부에게 암웨이를 전하려 할 때, 간혹 '아이가 어려서 지금은 안 되겠다'고 말하는 사람을 만나기도 합니다. 하지만 그럴 경우에는 제 경험을 들려줍니다.

사실, 저는 임신하기 전부터 암웨이를 하고 있었고 아이가 태어난 후에는 1년 반이 지날 때까지 어디를 가든 아이를 데리고 다녔습니다. 그리고 1년 반이 지난 후에는 아이를 보육원에 맡기고 비즈니스에 전념했습니다.

그 당시 제 스폰서였던 아리마 씨는 막내가 생후 7~8개월 정도였을 때부터 아이를 보육원에 맡기고 있었습니다. 그리고 그녀는 당당하게 이렇게 말했습니다.

"태어나서 겨우 7~8개월만에 친구가 생긴다는 것은 멋진 일이잖아요."

그 말을 듣고 저는 그녀의 적극적이고 긍정적인 사고방식에 깊은 인상을 받았습니다.

흔히 사람들은 부모와 자식이라는 가족관계에 묻혀 자신의 꿈을 제대로 펼쳐 보이지 못하는 경우가 많습니다. 특히 주부들의 경우는 심각한 수준입니다. 하지만 아이를 일찍 보육원에 맡기면 아기는 사회적 경험을 보다 일찍 맛보는 셈이 됩니다. 그러나 저는 남편의 걱정을 고려해 아이가 1년 반 정도 자랄 때까지 기다렸다가 보육원에 보냈습니다.

아기는 기어다니고 또한 혼자 걸을 수 있게 되면 대단히 움직임이 많아집니다. 그러면 그다지 야단치지 않아도 될 일을 두고 '안 돼!', '가만히 있어'라고 꾸짖게 됩니다. 이러한 상태에서는 부모나 아이 모두 스트레스를 받을 수밖에 없습니다. 그러는 것보다 차라리 또래 아이들과 함께 노는 것이 더 나을 것입니다. 그리고 부모는 아이에게 신경 쓰지 않고 자신이 추구하는 일에 전념할 수 있습니다.

암웨이 사업을 위해 모임을 가질 때, 아이가 왔다 갔다 하면 남성들은 보통 '뭐야, 암웨이는 주부가 부업으로 할 만한 일이잖아'라고 생각해 버립니다. 그것은 사업에 마이너스가 될 뿐입니다. 물론 주부들끼리 모임을 가질 때에는 상관없지만, 어디까지나 비즈니스 모임이므로 사적인 것은 확실히 배제하는 것이 좋습니다.

저는 이러한 경우를 예상해 일찍부터 아이를 보육원에 맡긴 것입니다. 그리고 밤에 랠리가 있어서 나가야 하는 날에는 아는 사람에게 아기를 맡기곤 했습니다. 따로 아기를 맡길 사람이 없다면 여러 가지 다양한 가능성을 염두에 두고 방법을 찾아보아야 합니다. '아이 때문에'라고 주저앉아 버리면 더 이상 미래는 없습니다.

우리 부부는 항상 '뭔가 방법이 있을 것이다' 라고 생각했습니다.

어떤 경우에는 아이가 아직 두 살 정도였을 때, 밤에 여동생의 아이들과 함께 집에서 놀게 한 적도 있습니다. 여동생에게는 초등학교 1학년과 만 두 살 된 아이가 있었는데, '9시가 되면 잠자리에 들어야 한다' 고 이른 다음 10시 정도에 돌아와 보니 세 아이가 사이좋게 뒹굴며 자고 있었습니다.

그런 모습을 보고 저는 오히려 '더욱더 열심히 해야지' 라는 생각을 했습니다. 흔히 주부들은 '아이가 너무 어려서 아무 것도 못한다' 라고 생각하지만, 저는 '나의 아이를 위해 더욱더 열심히 해야지' 라고 생각하였던 것입니다.

아이가 어리면 오히려 나은 면도 있습니다. 어릴 때부터 독립적으로 키우면 아이가 빨리 자립할 수 있는 것입니다. 하지만 아이가 어느 정도 자란 뒤에 밖에 나가려 하면 아이는 울면서 가지 말라고 매달리게 됩니다.

저는 아이가 초등학교에 다닐 즈음에는 경제적, 시간적으로 여유가 생겨 아이에게 보다 좋은 환경을 제공할 수 있을 것이라는 확신에 더욱더 열심히 일했습니다. 예를 들어 성장한 아이가 '파리로 유학 가고 싶다' 고 했을 때, 선뜻 '그래 네 뜻대로 하거라' 라고 말하는 부모가 되고 싶었던 것입니다. 경제적인 이유로 아이의 재능을 키워줄 수 없다면 부모로서 얼마나 가슴아픈 일이겠습니까!

특히 암웨이로 성공하면 해외로 여행할 기회가 많아집니다.

우리 부부는 아이가 고등학교나 대학교에 가게 되면 여행을 함께 다닐 기회가 많지 않을 것이므로 가능한 한 아이가 어릴 때 해외여행을 하려고 합니다. 그러면 아이가 일찍부터 시야를 넓힐 수 있다는 장점도 있습니다. 무엇보다 우리 부부는 함께 암웨이를 해왔기 때문에 일반적인 샐러리맨 부부보다 몇 배나 많이 아이의 웃는 얼굴을 보아왔고 아이 역시 부모의 체취를 가깝게 느끼며 자라났습니다.

이제는 사회적 인식수준도 높아졌고 제품의 종류도 많이 늘었기 때문에 암웨이 비즈니스를 할 수 있는 환경이 많이 좋아졌습니다. 게다가 성공 시스템이 존재합니다. 지금 필요한 것은 당신의 하고자 하는 열정과 실천력뿐입니다.

6

이 시대를 성공적으로 살아가는 방법

예방 의학적인 사고가 생활을 지킨다(도모야 샤론/세이이치)

평소에 대비하면 서둘 필요가 없다

오늘날에는 과학의 발달과 의학기술의 진보로 평균수명이 70세 이상으로 늘어났고 더불어 고령화사회라는 말을 실감할 수 있을 정도로 '성인병'의 종류도 다양해지고 있다. 하지만 성인병은 오랜 시간 동안의 생활습관으로 인해 발병하는 것이기 때문에 초기에는 별다른 자각증상이 없다. 따라서 성인병을 이기기 위해서는 병이 발병했을 때 치료하고자 하는 것보다 예방을 하는 것이 훨씬 더 효율적이다.

따라서 무엇보다 예방의학이 중요한 시기라고 할 수 있는데, 예방의학이란 병을 조기에 발견하기 위해 몸이 나쁘지 않아도 검사를 받는 것을 말한다. 특히 현대에는 풍요로운 먹거리로 인해 영양이 너무 풍부해 성인병에 걸리는 경우가 많다.

일단 성인병이 발병하면 병원에 가는 것만으로 완전치료를 기대하기는 어렵다. 그러므로 건강에 아무런 문제가 없다고 생각될지라도 정기적으로 건강진단을 받아보는 것이 좋다.

나는 암웨이를 모르는 사람에게 암웨이에 대해 설명할 때, '예방'과 '치료'에 대한 인식의 차이로부터 시작한다. 보통 우리는 병에 걸리거나 아프기 시작하면 의사에게 달려가는 '치료'에 의존하지만, 질병에 대한 인식이 높은 선진국에서는 예방의학에 주력한다. 즉, 병에 걸리기 전에 예방하는 것이 경제적·육체적으로 유리하다는 생각을 하는 것이다.

특히 미국에서는 아플 때, 의사를 찾아가면 치료비가 아주 비싸다. 그렇기 때문에 평소에 건강에 주의한다. 즉, 평소에 건강을 지키려 노력하는 것이다. 혹은 병에 걸려도 빨리 의사를 찾는다. 질병이 가벼울 때, 치료하면 치료비가 덜 들기 때문이다. 병이 심각해져 수술을 받을 정도로 확대되기 전에 예방한다는 의식이 강한 것이다.

이렇게 예방과 치료에 대해 장황하게 늘어놓은 까닭은 많은 사람들이 질병뿐만 아니라 여러 가지 면에서 '준비하는 마음이 결여되어 있다'고 생각하기 때문이다. 예를 들어 아직까지도 많은 사람들이 '자신이 일하는 회사는 망하지 않을 것이다'라는 안일한 생각에 젖어 있다. 혹은 연공서열에 얽매여 자신은 절대로 쫓겨나는 일이 없을 것이라고 착각한다. 하지만 그렇게 행복한 시대는 이미 지나가 버렸다.

최근에는 구조조정이나 자회사로의 방출이라는 형태로 직장에서 밀려나는 일이 자주 일어난다. 실제로 회사라는 것은 생명체와 같은 것으로 끊임없이 성장하거나 아니면 적어도 제자리에서 숨을 쉴 수 있어야만 존립하게 된다. 그렇지 않으면 죽고 마는 것이다.

지금은 어떤 샐러리맨도 자신의 직장과 수입을 보장받을 수 없다.

또한 회사가 도산하지 않을지라도 교통사고를 당해 사망하거나 아니면 크게 상처를 입을 수도 있다. 그리고 가기 싫은 먼 지역으로 갑자기 전근을 가야 하는 경우도 있다. 인생이란 이처럼 한치 앞을 내다보기 힘든 과정이다.

그런데 대부분의 사람들은 어떤 일이 발생했을 때, '어쩌지? 어쩌면 좋지?' 라고 주저앉아 머리를 싸매고 있다.

그 자리에 그대로 서서 세월을 보내면 아무런 준비도 없이 은퇴하고 만다는 것을 잘 알면서도 뾰족한 대책을 세우지 못하고 망설이기만 한다. 그리고 막상 직장을 나오고 나면 그때서야 '어디 좋은 일이 없을까?' 라고 당황하며 서두른다. 하지만 갑자기 서둘면 좋은 아이디어를 떠올리기 어렵고 더욱이 자신이 하고 싶은 일도 찾을 수 없게 된다. 그럼에도 불구하고 왜 사람들은 눈앞에 닥치지 않으면 행동하려 하지 않는 것일까?

만약 평소에 준비하고 대비해둔다면, 어떤 일이 닥칠시라도 낭황하거나 서둘 필요가 없을 것이다. 특히 예방의학이 발달한 미국에서는 실직이라는 것이 아주 흔하게 발생한다. 그렇기 때문에 미국인들은 곤란을 당하기 전에 미리 자신을 지키려는 준비를 한다. 즉, 어떤 위험이 닥쳐도 당황하지 않기 위해 철저하게 예방을 하는 것이다.

이제는 '예방'에 신경을 써야 하는 시대이다. 즉, 시대의 변화와 더불어 지금까지의 사고방식과 행동원리를 바꿔야 하는 것이다. 그러면 회사가 도산해도 실직이 되어도 혹은 병에 걸리거나 사고가 발생해도 당황하지 않고 대처할 수 있다.

그러한 대비책 중의 하나로 현대인에게 가장 포괄적이고 한계가 없는 기회를 제공하는 사업이 바로 암웨이다. 암웨이를 통해 당신은 무리하지 않고 본업과 함께 부업으로서 사업을 전개해 새로운 수입을 얻을 수 있는 것이다.

사실, 나는 미국에서 태어나 그곳에서 자라났다. 그러다가 결혼을 위해 일본으로 들어왔는데 때로는 하와이에 살고 계신 부모님께 돌아가 효도를 하고 싶은 생각이 간절했다. 그래서 돈을 벌기 위해 학원이나 대학에서 영어를 가르치기도 했지만, 그것만으로는 단순히 먹고사는데 그칠 뿐, 돈을 모으는 것은 어려웠다. 그래서 '뭔가 더 좋은 일이 없을까' 라는 생각으로 부업거리를 찾고 있다가 '암웨이' 를 만나게 됐다. 물론 나는 하와이에서 살고 있을 때, 암웨이의 제품을 사용해본 경험이 있었다. 그때, 내가 암웨이 제품을 사용했던 이유는 그것이 고급품이었기에 그것을 사용하면 왠지 일류가 된 기분이 들었기 때문이다.

그리고 일본 사람들은 고급품에 약하다는 것을 알고 있었으므로 암웨이 제품이라면 확실히 승산이 있다고 확신했다. 또한 암웨이라는 회사가 얼마나 성실하고 더불어 사람들로부터 어느 정도로 신뢰받고 있는지를 잘 알고 있었기에 처음부터 암웨이에 대한 거부감은 없었다.

가족의 반대

암웨이 사업을 시작하기 전에 나는 남편에게 '암웨이 사업을 하고 싶다'고 의논했다. 하지만 남편은 '그런 일은 위험하니까 그만두는 게 좋아'라고 그 자리에서 반대하고 나섰다.

그 당시, 일본에서는 피라미드 상법이나 다단계가 여기저기서 문제를 일으켜 연일 화젯거리로 떠오르고 있었기 때문에 남편의 그러한 태도도 무리는 아니었다. 남편은 신문을 가져와 '이것 봐. 연일 이 문제로 시끄럽잖아. 암웨이도 마찬가지야'라고 여러 가지 폐해를 들려주었다.

그 후에도 남편은 몇 번이나 부정적인 의견을 펼쳤지만, 나는 '암웨이는 그렇지 않다. 암웨이가 문제를 일으킨 것은 아니다'라며 남편의 설득에 넘어가지 않았다. 내가 완강하게 암웨이를 두둔하고 나서자 남편은 몹시 걱정스러운 표정을 지었다. 그리고 TV에서 다단계나 피라미드 상법에 관한 뉴스가 나올 때마다 '저것 봐. 늘 문제를 일으키는 일이잖아'라고 남편이 나를 설득하려 했지만, 일본어를 잘 몰랐던 나는 별다른 신경을 쓰지 않았다.

결국 남편의 반대를 무너뜨린 나는 암웨이 사업에 대해 조사하기 시작했다.

솔직히 말하면 나도 처음에는 암웨이가 어떤 비즈니스인지 알지 못했다. 하지만 자본금이 거의 들지 않는다는 것이 마음에 들었고 또한 재고가 없고 100% 반품이 가능하다는 사실이 매력적이었다. 결국 돈도 없고 가진 것이라고는 시간과 노력할 의욕밖에 없던 나에게 너무도 안성맞춤의 사업이었던 것이다.

물론 내가 처음부터 돈이 많았다면 암웨이에 대한 이야기를 들었어도 별다른 흥미를 보이지 않았을 것이며 또한 그것을 시작하려 하지도 않았을 것이다. 돈을 필요로 했기 때문에 나는 보다 적극적으로 사업에 임할 수 있었고 하면 할수록 제품의 우수성과 시스템에 매료되어 주위의 아는 사람들에게 성공할 기회를 알려주고 싶은 마음뿐이었다.

암웨이에서 실패란 없다. 단지 포기만 있을 뿐이다.

제품의 이동이 일어나면 그에 따른 마진이 확실히 보장되고 실적에 따른 보너스도 정확히 나오기 때문에 수익에 대해 염려할 필요는 없다. 그리고 100% 반품이 이루어지므로 재고를 떠안게 될 위험도 없다. 무엇보다 암웨이 제품은 타의 추종을 불허할 정도로 품질이 우수하기 때문에 한 번 사용해본 사람들은 또 다시 주문을 하게 된다.

영어로 개최된 설명회

10여 년 전, 내가 처음으로 암웨이를 시작했을 때 일본에서 취급하던 제품은 'L.O.C', 'SA8', '디쉬드랍스'의 3종류 밖에 없었다. 그 중에서 특히 'L.O.C'는 인기가 높았다. 하지만 'SA8'은 처음에 그다지 호응을 받지 못했다. 왜냐하면 그 당시 세탁용 세제는 추석이나 설날의 선물용으로 주고받는 경우가 많았기 때문에 웬만한 가정에서는 제품들이 쌓여 있었던 것이다. 그리하여 'SA8'을 권하고 싶어도 '집에 세제가 많아서'라고 거절하면 '제품의 품질이 아주 뛰어나요'라고 말하기가 어려웠다.

나는 나름대로 방법을 연구했고 가능하면 추석이나 설날과 근접한 기간을 피해 'SA8'을 전달했다. 그러자 그 다음 해부터는 '암웨이 제품은 정말 좋군요'라고 말하는 사람들이 늘어났다.

그 당시 일본에서 팔고 있던 타사의 세탁용 세제는 높이가 40㎝나 되는 커다란 박스에 넣은 것이 일반적이었지만, 암웨이의 'SA8'은 그 몇 분의 1에 해당하는 작은 통에 들어 있었기에 외형상으로는 보잘 것 없어 보였다. 그리고 무엇보다 환경을 중요시하는 암웨이는 포장에 그다지 신경 쓰지 않아 포장디자인이 사람들의 눈길을 끌만한 것은 아니있다.

물론 오늘날에는 일반세제들도 깔끔하고 작은 포장재를 사용하는 경우가 많이 늘었지만, 아직까지 모든 제품들이 그런 것은 아니다. 그런 면에서 볼 때, 환경을 중요시해 농축형 제품을 만들어내는 암웨이의 선견지명이 얼마나 뛰어난지 알 수 있다.

특히 암웨이는 오래 전부터 '생분해성'이라는 말을 사용해 왔는데, 이것은 가정에서 흘러나오는 세제가 강이나 호수, 바다를 오염시키는 주범임을 잘 알고 있던 암웨이가 처음부터 공해문제에 관심을 기울여 왔음을 잘 알게 해주는 증거이다.

어찌되었든 나는 일어가 서툴렀기 때문에 많은 사람들에게 암웨이를 가르쳐주기 위한 모임을 여는 일이 매우 힘들었다. 그리고 애써 사람들을 모아 설명회를 열었어도 긍정적인 반응을 보이는 사람들이 없었다. 너무도 힘들었던 나는 스폰서를 찾아가 고민을 털어놓고 의논을 했다.

"저는 미국인이고 일어를 할 줄 모릅니다."

"그래도 당신은 리더이므로 당신이 먼저 하지 않으면 안 됩니다. 왜냐하면 암웨이 비즈니스는 복제사업이기 때문입니다."

사실, 암웨이가 일본에 처음으로 진출했을 때에는 설명회가 영어로 진행됐다. 그 당시에는 사장도 미국인이었고 그는 영어밖에 할 줄 몰랐던 것이다. 게다가 영업부장도 미국인이었기에 초기에는 모든 IBO들이 영어를 할 수 있는 사람들뿐이었다.

또한 암웨이가 발행했던 『아마그램』도 초기의 3호까지는 영어로 나왔다. 특히 나는 일어를 못했기 때문에 가능하면 제품을 직접 사용해 보도록 권하는 방법을 사용했다. 왜냐하면 비록 말은 통하지 않을지라도 나의 뜻을 제품이 대신 전달해주었기 때문이다. 모든 언어장벽을 넘어서서 품질은 통하는 법이다.

그렇게 내가 열정을 보이자, 주변 사람들도 서서히 나의 마음을 알기 시작했고 내가 진정으로 그들의 성공을 원한다는 것을 이해해 주었다. 그리고 나 역시 일어를 열심히 배우려 노력했기 때문에 어느 정도 시간이 흐른 후에는 의사소통이 가능할 정도로 일어를 잘할 수 있게 됐다. 그런 점에서 볼 때에도 나는 암웨이 사업을 시작하길 잘 했다는 생각을 한다.

아마추어 비즈니스이기에 더욱 좋다

나는 평일에는 아침 9시부터 오후 5시까지 학원과 대학에서 영어를 가르치고 오후 5시에 아이를 데리러 보육원에 갔다 온 다음 오후 5시부터 7시까지는 사람들에게 제품을 전달했다. 그리고 주말에는 학교가 쉬기 때문에 친구를 집으로 초대하거나 모임을 가져 2년 동안 나의 모든 자유시간을 완전히 암웨이에 투자했다. 왜냐하면 몇 천만원의 자본금을 투자한 사업이 아니었기에 시간과 노력만이라도 열심히 투자해야겠다고 생각했기 때문이다.

어차피 모든 사람들에게는 하루 24시간이 주어지고 그 시간을 효율적으로 사용하느냐 그렇지 못하느냐는 자기 자신에게 달려 있는 문제이다. 그리고 시간은 아무리 투자를 해도 잃는 법이 없다. 내가 볼 때, 가장 큰 성공 포인트는 '횟수'라고 생각한다. 그렇다고 단순히 말을 잘해야 한다는 것은 아니다. 암웨이의 성공여부는 다른 사람에게 사업설명회를 몇 번 보여줬는지 그리고 타인에게 몇 번이나 암웨이를 가르쳤는지에 따라 결정된다.

흔히 사람들은 암웨이로 성공하려면 특별한 노하우나 지식, 경험등이 필요하다고 생각한다. 그래서 성공자를 만나면 보통 '성공노하우를 가르쳐 주십시오'라고 말한다.

하지만 암웨이에서 성공하기 위한 노하우는 아무 것도 없다. 자신이 직접 암웨이 제품을 사용해 보고 그것이 좋다고 생각된다면 그것을 다른 사람에게 이야기해주는 것이 사업의 전부일 뿐이다.

당신이 아무리 우수하고 좋은 제품을 사용해 그 제품의 매력에 푹 빠졌더라도 그 사실을 다른 사람에게 말하지 않으면 상대방은 그것을 알지 못한다. 그렇기 때문에 당신이 알고 있는 사실 혹은 경험을 다른 사람에게 말해야 한다. 실제로 당신이 얼마나 많은 사람에게 당신의 경험을 들려주느냐에 따라 사업의 규모가 달라진다.

특히 나는 일어를 하지 못했기 때문에 가능한 한 많은 사람들을 만나 나의 경험을 들려주려 노력했다. 그 정도는 누구나 할 수 있다. 좋은 제품을 주위의 아는 사람들에게 알려주는 것이 뭐가 어려운가!

언젠가 암웨이의 초대로 홍콩에 갔을 때, 홍콩의 IBO와 얘기할 기회가 있었다. 그 자리에는 펄과 에메랄드 그리고 다이아몬드가 있는데, 당시 펄이었던 나는 그들이 암웨이를 어떻게 전개하는지를 알고 싶어 여러 가지 질문을 했다. 그리고 다양한 이야기를 나눈 끝에 내가 내린 결론은 '모임의 횟수에 의해 성공이 좌우된다'는 것이었다. 무엇보다 확실한 것은 펄은 주 2회, 에메랄드는 주 4회 그리고 다이아몬드는 거의 매일 모임을 갖는다는 사실이었다. 그러한 사실을 통해 나는 '역시 다이아몬드는 다르구나'라는 생각을 하게 됐다. 왜냐하면 나는 그 당시 일주일에 세 번 정도 모임을 갖고 있었던 것이다.

　암웨이로 성공하는 데 있어서 능력이나 가치관은 전혀 문제가 되지 않는다. 한 마디로 말해 특별한 노하우가 없는 것이다. 중요한 것은 모임의 횟수이다.

　나는 시간이 날 때마다 많은 사람들에게 사업요령에 대해 들려주었다. 모임을 갖다 보면 그 자리에서 곧바로 이해하는 사람과 그렇지 못한 사람으로 나뉘게 된다. 그리고 암웨이를 설명해 주었을 때, 그 자리에서 거절을 당하면 보통은 '실패했다'는 생각으로 자신감을 잃게 되지만, 그럴 필요 없다. 부정적인 감정은 훌훌 털어 버리고 다음 모임에 참석하는 것이 좋다.

　'왜 거절당했는지' 혹은 '그 사람이 어떤 생각을 하고 있는지' 등을 생각하고 있을 시간에 차라리 다음 사람을 만나는 적극적인 자세가 필요하다. 고민하고 망설이며 아까운 시간을 죽이는 사람은 실천력이 떨어지는 사람이다. 그런 사람에게는 '그렇게 한가하십니까?'라고 묻고 싶다.

　암웨이가 일본에 들어와 10여년 만에 그토록 빠르게 성장할 수 있었던 이유는 암웨이에 성공이 입증된 '시스템'이 있었기 때문이다.

　특히 암웨이는 노력하면 노력한 만큼 정확한 보상을 해준다. 그리고 자신의 사업이 어떻게 성장하고 있는지 스스로 보면서 사업을 전개할 수 있다는 재미가 있다. 더불어 비록 독립적인 사업이지만 혼자서 하는 것이 아니라 그룹이 뒤에서 적극 지원해준다는 것도 커다란 매력이다.

나는 암웨이가 '아마추어 비즈니스'이기 때문에 여기까지 올 수 있었다고 생각한다. 세상에는 프로보다 아마추어의 숫자가 압도적으로 많다. 어떤 사업자는 프로나 우수한 영업자에게 암웨이를 전달하려 노력하지만 나는 우리 곁에 있는 평범한 사람들, 즉 아마추어들에게 암웨이 사업을 알려주려 노력한다. 암웨이는 아마추어이든 프로이든 그 누구에게든 평범한 기회를 제공하기 때문이다. 암웨이는 학력이 없어도 또한 사회적 지위가 없어도 할 수 있으며 오히려 그런 것이 없는 편이 더 나을 경우도 있다.

학력이 높은 사람은 머릿속으로만 '좀더 좋은 방법이 없을까?' 하고 생각만 할 뿐, 행동으로 옮기지 않는다. 돈이 많으면 아예 이 사업에 관심을 기울이지 않거나 아니면 제품이나 레벨에 대해 너무 욕심을 부리고 착실히 한 단계 한 단계 성장하려 하지 않는다.

그렇지만 학력도 돈도 없는 사람은 그러한 요령을 피우지 않는다. 나 역시 아마추어였고 돈이 없었기에 그저 열심히 노력할 생각밖에 하지 않았다.

그리고 사회적인 지위가 있는 사람들은 그러한 '겉치레'가 오히려 사업에 방해가 된다. 그렇기 때문에 나는 아무 것도 없는 아마추어가 사업에 보다 유리하다고 생각한다. 그래서 나는 특히 평범하게 살아온 사람에게 암웨이를 적극 권한다. 요령을 피우거나 조금 안다고 거드름을 피우는 사람에게는 암웨이를 권하고 싶지 않다.

실제로 암웨이에 프로가 들어와 사람들을 속이거나 요령을 피우는 일이 발생한다면 그것은 커다란 문제가 된다. 왜냐하면 암웨이는 복제사업이기 때문이다. 능수능란한 프로를 보고 다운라인이 모두들 프로처럼 테크닉이 있어야 한다고 생각한다면 그 그룹은 앞으로 전진하기가 어렵다.

따라서 일반 샐러리맨이나 자영업을 하고 있는 사람들이 암웨이의 세계에 들어오는 것이 암웨이에 대한 사회적 신용을 쌓는데 가장 바람직하다. 하지만 프로가 들어오면 흥정을 하거나 여러 가지 변칙적인 일이 시작되어 결국 비싼 핸드백을 샀다거나 그 사람에게 속아 필요하지도 않은 것을 구입했다는 식의 원망을 듣게 된다.

나의 그룹에는 평범한 주부들이 많이 있다.

그들이 처음으로 암웨이 사업을 시작했을 때, 그들은 나에게 '이 일은 대단히 힘들군요'라고 털어놓았다. 내가 그 이유를 묻자, 그들은 이렇게 말했다.

"주위 사람들에게 'SA8'을 권했을 때, 그것을 사용해 볼 테니 대신 학교의 임원직을 맡아달라거나 아니면 어떤 모임에 참석해야 한다는 조건을 내거는 경우가 많아요."

다시 말해 사람들은 암웨이 사업이 결국 자신들을 위한 것임을 알지 못한 채, 마치 자신들이 IBO에게 선심이라도 쓰는 듯한 태도를 보였던 것이다. 그때, 나는 단호히 말했다.

"암웨이 사업은 분명 나와 다른 사람이 함께 잘되는 사업입니다.

절대로 흥정을 하지 마십시오. 암웨이에 흥정은 없습니다. 암웨이 사업은 분명, 그들에게 좋은 기회를 제공하는 비즈니스입니다. 결코 비굴하게 굴거나 어떤 조건과 교환하는 방식으로 대응해서는 안 됩니다. 다만, 암웨이의 진실을 보다 많은 사람들에게 알려주십시오. 제품의 뛰어난 품질과 훌륭한 성공 시스템을 보여주기만 하면 됩니다."

그런 것까지 일일이 그들에게 가르쳐주지 않으면 안 되었던 것이다.

테크닉은 필요하지 않다

암웨이가 주부들에게 인기가 높고 특히 주부들이 하기 쉬운 이유는 흥정을 하거나 요령을 피울 필요가 없기 때문이다. 암웨이 비즈니스는 전문적인 테크닉이 없어도 얼마든지 할 수 있는 사업이다.

암웨이에는 샘플도 없고 스퀴즈 용기(세제를 물에 타 사용하기 위한 용기)를 무료로 주지도 않는다. 스퀴즈 용기가 필요한 사람은 돈을 지불하고 구입하면 된다. 가랑비에 옷 젖는 줄 모른다고 아무리 가격이 저렴한 것일지라도 그냥 주기 시작하면 그것이 나중에는 많은 이익을 갉아먹는 해충이 되어 버리는 것이다.

그리고 한 사람이 사업의 규칙을 어기면, 즉 스퀴즈 용기를 덤으로 주면 다른 사람들에게 피해를 주게 된다. 사람들의 입 소문은 매우 빠르게 전달되는데, '어떤 사람은 용기를 덤으로 주더라' 라는 말이 돌기 시작하면 다른 동료들에게 사업적으로 커다란 피해를 입히게 되는 것이다. 또한 그것은 암웨이의 평등 원칙에 어긋나는 행위이다.

암웨이에서는 애초부터 흥정이나 속임수, 노하우 같은 것은 필요없다. 물론 아마추어이기 때문에 배운 것이 이해가 가지 않는다거나 여러 가지 고민거리가 생길 수도 있다. 그럴 경우에는 스폰서와 함께 의논하거나 그룹의 업 라인과 상의하면 된다. 왜냐하면 그들은 진심으로 당신의 성공을 원하기 때문에 당신이 궁금해 하는 것에 대해 성실하게 대답해줄 것이기 때문이다.

암웨이는 평등하다. 따라서 누구에게든 똑같은 조건과 기회를 제공한다.

다시 말해 보통 사람들도 성공할 수 있는 기회가 주어지기 때문에 더욱더 커다란 감동과 감격이 존재한다. 예를 들어 평소에 사람들과 만나는 것을 싫어했던 사람이 사람들과 함께 어울리는 기쁨을 누리면서 삶의 새로운 즐거움을 얻기도 하고, 사람들 앞에서 제대로 말을 하지 못했던 사람이 점점 말솜씨가 늘어나면서 자신의 변화에 대해 감동하게 되는 것이다.

그렇다고 암웨이 사업을 위해 특별한 말재주가 필요한 것은 아니다.

암웨이 사업은 지극히 간단하고 특히 성공 시스템이 존재하기 때문에 특별한 설명을 할 필요가 없다. 게다가 암웨이에서 다루는 제품은 일상생활용품이기에 전문지식이 필요 없다.

특히 암웨이가 주부들에게 인기가 높은 이유는 열심히 활동함으로써 건강해짐과 동시에 살이 찌지 않고 독립적인 일을 하게 돼 자립심이 생기기 때문이다. 무엇보다 오늘날처럼 경기가 불안정한 시기에는 남편의 회사가 갑자기 도산할지도 모른다는 불안감도 있고 남편에게 문제가 생기면 수입원이 끊길 위험도 있기 때문에 주부들이 자립하는 것은 매우 중요하다. 그러한 필요성을 충족시켜 주는 것이 바로 암웨이이다. 즉, 자기 자신과 가족을 위한 대안으로써 암웨이만한 사업이 없는 것이다.

당황하지 않기 위해

사람들이 원하는 것, 추구하는 것, 바라는 것은 대개 세 가지로 집약된다. 그것은 바로 돈, 시간 그리고 명예이다. 하지만 이 세 가지를 모두 갖추고 있는 사람은 흔치 않다.

예를 들어 의사나 변호사처럼 소위 전문직 종사자들은 세상 사람들로부터 인정도 받고 꽤 많은 돈도 번다. 그러나 이들은 늘 일에 매달려야 하기 때문에 '시간이 없다'는 불만을 토로한다. 특히 의사의 경우에는 환자를 내버려두고 마음껏 휴식을 취하기가 어렵다.

반대로 시간은 풍족하지만 돈이 없는 사람도 많다.

주부는 남편이 돈을 벌어다주기 때문에 시간적인 여유가 있다. 하지만 사회적으로 대접을 받는다거나 자신이 하고 싶은 일을 하는 것은 어렵다. 왜냐하면 하루 종일 종종거리며 집안일에 얽매이기 때문이다. 그런데도 주부들에게 '자아실현을 위한 일을 해보지 않겠습니까?' 라고 말하면 그다지 긍정적인 반응을 보이지 않는다.

오히려 제품을 직접 사용하게 하고 암웨이 제품의 품질을 체험하도록 하는 편이 훨씬 더 효과적이다. 일단 제품의 우수성을 깨닫게 되면 그동안 집안에서 얌전히 살림만 하던 주부가 활기차게 사업을 전개하는 경우가 많다. 그리고 암웨이 사업을 전개하면서 처음으로 자기 자신의 삶을 되찾은 기쁨을 느끼고 쉽게 암웨이를 그만두지 못한다.

사업을 통해 주부들이 어떻게 변하는지를 지켜보면 그 모습에 입을 다물지 못할 지경이다. 그저 평범한 주부로서 남편과 아이들의 뒷바라지를 위해 자신을 희생하던 여성이 자신의 꿈을 실현하기 위해 적극적이고 긍정적으로 변하는 모습은 아름답기조차 하다.

특히 암웨이 사업에서는 마음에 맞는 친구를 만날 수 있기 때문에 삶이 즐거워진다. 그리하여 암웨이를 시작한 뒤, 성격까지 고쳐졌다는 사람들도 많다.

나 역시 처음에는 '대학에서 학생들을 가르치는 사람이 왜 세제를 권하는가?' 라는 말을 자주 들었다. 하지만 10여년이 지난 오늘날에는 그러한 말이 '대학 교수도 암웨이 사업을 하는데 나도 한 번 해보자' 라는 말로 변했다.

물론 대학에서 강의를 하며 암웨이 사업을 하는 것은 쉽지 않았지만, 지금 생각해도 그때의 선택은 옳았다.

내가 암웨이를 시작한지 3년이 지났을 때의 일이다. 내가 강의를 하던 학원이 갑자기 다른 지역으로 이사를 가게 됐다. 그러자 학원 가까이에 살고 있던 학원 선생들은 모두들 당황해 어쩔 줄 몰라 했다. 이사한 장소가 통근거리로는 너무 멀었고 그렇다고 학원을 계속 다니기 위해 이사를 가기도 힘들었기 때문이다. 물론 조건이 맞지 않는다면 학원을 그만두면 되겠지만, 사실 직장을 그만두는 것도 말처럼 쉬운 일은 아니다.

하지만 나는 별로 당황하지 않고 학원 강의를 그만두겠다고 말했다. 왜냐하면 이미 암웨이를 통해 일정한 수입이 확보되어 있었기에 굳이 이사를 가거나 먼 통근거리를 감수할 필요까지는 없었기 때문이다.

다시 한 번 이야기하지만 '예방'과 '치료'는 천지차이이다. 뭔가가 일어난 다음에 손을 쓰는 것과 뭔가가 일어나기 전에 미리 손을 쓰는 것은 그 결과에 있어서나 대응방법에 있어서 현격한 차이가 있는 것이다.

예를 들어 사람들은 보통 충치가 되어 통증이 느껴지기 전에 치료를 하면 크게 치료하지 않아도 될 것을 아플 때까지 방치했다가 의사에게 달려간다. 혹은 아이를 원치 않으면 처음부터 피임을 하면 될 것을 미리 준비하지 않아 임신을 한 뒤에 중절수술을 하는 안타까운 일도 있다.

가끔 나는 '지금부터 암웨이를 시작해도 많은 돈을 벌 수 있는가?' 라는 질문을 받는다. 많은 사람들이 '내가 성공했던 이유는 암웨이 사업의 초창기에 참가했기 때문' 이라는 생각을 갖고 있는 것이다.

사실은 그렇지 않다.

오히려 지금부터 암웨이를 시작하는 사람은 보다 빠른 시간 내에 더욱더 엄청난 성공을 거둘 수 있다. 왜냐하면 이미 수많은 시행착오를 통해 확고하게 성공이 입증된 시스템이 있고 더욱이 인터넷의 발달로 인해 암웨이 사업을 가상공간 내에서 24시간 내내 펼칠 수 있기 때문이다. 사실, 암웨이 사업의 초창기에는 성공 시스템이라는 것이 존재하지 않았기에 하나에서부터 열까지 시행착오를 겪어가며 일일이 배워야만 했고 취급품목도 9가지에 지나지 않아 사업전개가 더딘 편이었다.

하지만 지금은 품목이 매우 다양한 데다가 암웨이 사업에 대한 사람들의 인식도 높아졌고 더불어 성공 시스템이 존재하기 때문에 사업을 전개하는데 별다른 어려움이 없다. 또한 여러 가지 다양하고 우수한 사업도구들이 개발되어 굳이 마케팅 플랜이나 제품지식을 배우려 하지 않아도 자연스럽게 터득할 수 있다는 장점도 있다.

그리고 무엇보다 암웨이 비즈니스는 '21세기의 유통혁명' 을 이끌 존재로서 확고하게 인정을 받고 있다.

과정을 즐긴다

어떤 IBO는 '암웨이 사업은 인구가 많은 대도시에서 시작하는 것이 더 쉽다' 라고 말하는가 하면 또 다른 IBO는 '농촌에서부터 출발하는 것이 낫다' 라고 말하기도 한다. 물론 나름대로 장단점이 있겠지만, 특히 농촌 사람들은 도시의 사람들이 쓰는 물건에 관심이 많기 때문에 제품을 전달하기에 다소 쉬운 점도 있다.

그리고 지방에 사는 사람들은 굳이 어떤 룰에 따라 스폰서를 하려고 하지 않는다. 스스로 사용해본 다음 그 제품이 좋다고 생각하면 자연스럽게 주변의 모든 사람들에게 알려줄 뿐이다. 그리하여 한 사람이 제품을 사용하기 시작하면 그가 아는 모든 사람들이 사용하는 것은 시간문제이다. 그 대신, 리더를 키우는 것에는 조금 무리가 있다.

미국에서 태어나 그곳에서 자라난 내가 일본인과 미국인을 비교해 본 결과, 참으로 재미있는 사실을 알게 됐다. 미국인은 자신이 '행복하기' 위해 태어났다고 생각하는 반면, 일본인들은 거의 모든 사람이 '고통받기' 위해 태어났다고 생각하는 것이다.

그렇기 때문에 일본인은 내가 아무리 '암웨이를 시작하면 라이프 스타일이 달라집니다' 라고 말해도 처음부터 아예 들으려고 조차 하지 않는다. 어쩌면 '부자가 되면 안 된다. 돈을 많이 갖는 것은 죄악이다' 라고 생각하는지도 모른다.

비록 가난할지라도 '나는 행복해지기 위해 태어났다'라고 긍정적이고 적극적인 생각을 가진 사람은 암웨이를 통해 성공할 수 있다. 반대로 '지금 이대로가 좋다'고 생각하는 사람은 암웨이에서 성공하기 어렵다.

물론 성공이라는 것이 돈에 한정되는 것은 아니다. 예를 들어 표정이 늘 어둡고 자신감이 없던 사람이 밝고 쾌활해졌다거나 사람들 앞에서 말도 제대로 하지 못했던 사람이 말을 잘할 수 있게 된 것도 하나의 성공이다. 암웨이 사업을 하게 되면 그 모든 것이 가능해진다.

늘 잔소리를 늘어놓고 신경질적이었던 주부가 암웨이를 시작한 뒤, 자신의 삶에 자신감과 여유를 찾고 아이들을 합리적으로 대하게 됐다는 사례도 매우 많다. 그러므로 성공자의 기준은 개개인마다 다르다고 할 수 있다.

어쨌든 '어제보다 오늘 그리고 오늘보다 내일이 나아진다'라는 것이 성공의 기본이라면 암웨이는 그야말로 성공으로 가는 지름길이다. 또한 '오늘의 가난뱅이가 내일 큰 부자가 되는 것'이 성공이라면 암웨이는 그러한 성공기회를 제공한다.

물론 암웨이가 일확천금의 기회를 제공하는 것은 아니다. 암웨이는 한 단계 한 단계 착실히 쌓아올린 결과로써 경제적, 시간적 풍요로움을 안겨준다. 그렇기 때문에 우선 한 사람을 스폰서 하는 것이 성공이다. 소비자에게 하나의 제품을 전달하는 것 역시 하나의 성공이다.

암웨이에서는 무엇보다 과정을 즐기면서 한 단계 한 단계 성공을 향해 전진하는 것이 중요하다.

특히 암웨이에는 정년퇴직이라는 것이 없다. 사람들과 만나 대화를 즐기고 타인을 사랑하는 마음만 있다면 나이가 아무리 많더라도 사업을 전개할 수 있는 것이다.

쉽게 말해 암웨이는 인간관계를 만들어 가는 가운데 조금씩 수입이 늘어가는 비즈니스이다. 그 과정에서 사람들과의 여러 '연결고리'가 발생하는데 인간관계를 공고히 다지면서 그러한 네트워크를 튼튼히 구축하면 암웨이는 결코 무너지지 않는다.

암웨이 사업의 기본 바탕은 인간관계에 있다. 그런 의미에서 볼 때에도 앞으로의 가능성이 무궁무진하다고 할 수 있다. 물론 10여년 전까지만 해도 나의 이야기를 반갑게 들어주는 사람이 없었다. 심지어 내가 방문했다는 이유만으로 잔뜩 인상을 찌푸리는 사람들도 있었다.

하지만 그런 사람이 많으면 많을수록 당신의 성공 가능성은 더욱 더 높아진다. 왜냐하면 나 역시 그러한 경험을 수없이 했지만, 지금 당당히 성공했기 때문이다. 내가 바로 그 증거이다.

암웨이는 세계를 바꾼다

내가 기대하는 것은 암웨이 세계 속에서만 성공하는 것이 아니라,

일반사회에서도 성공할 수 있는 사람이 늘어가는 것이다. 만약 암웨이가 일반사회에서 인정받지 못한다면, 아무리 암웨이의 성공자가 되더라도 그것은 암웨이라는 특수한 세계에서의 성공에 지나지 않는다.

그러면 비록 경제적, 시간적으로 부자가 될지라도 그것은 암웨이의 리치 디보스와 제이 밴 앤델이 꿈꿔왔던 암웨이의 진정한 모습이 아니라고 생각한다.

리치는 암웨이 IBO에게 늘 이렇게 강조한다.

"암웨이와 일반사회와의 다리가 되십시오. 그러한 성공자가 되십시오."

사실, 처음으로 그 이야기를 들었을 때 나는 그 말의 의미를 이해하지 못했다. 나는 암웨이에서 성공하는 것만으로도 벅찼던 것이다. 그러나 리치는 결코 암웨이에 전력투구하라는 말을 하지 않았다. 사람들을 모임에 초대해 암웨이를 소개하고 열심히 제품을 전달하라고 독려하는 이야기는 전혀 하지 않는다. 오히려 그는 IBO에게 '암웨이와 다른 일반사회와의 다리가 되는 훌륭한 사람이 되어 달라'고 말한다.

암웨이의 IBO는 결코 흥정을 하지 않는다.

암웨이의 IBO는 결코 거짓을 말하지 않는다.

암웨이의 IBO는 결코 사람을 속이지 않는다.

나는 미래에 여유가 생겨 학교를 설립한다거나 병원을 짓는 등의 일을 할 경우, 그 일을 건설회사나 부동산회사에 맡길 때 암웨이와 같은 가치관을 소유한 사람을 찾을 것이다. 즉, 암웨이 이외의 다른 세계에서도 소비자를 현혹하기 위해 할인을 하거나 아무 때라도 덤핑을 하는 회사와는 상대하지 않을 것이다.

암웨이의 가치관이 일반사회로 뻗어 가면 갈수록 이 사회가 그리고 더 나아가 세계가 변하게 될 것임을 믿는다. 이것이 바로 리치가 하고 싶었던 이야기가 아닐까? 즉, 암웨이는 비록 일상생활용품을 취급하지만, 흔들리지 않는 훌륭한 가치관과 이념으로 세계를 변화시킬 가능성을 지니고 있는 것이다.

나는 우리 세대뿐만 아니라, 자식이나 손자까지도 암웨이의 이념을 계속 이어가도록 키운다면 언젠가는 리치와 제이가 생각한 세계 평화가 실현되리라 믿는다.

"모두 손을 맞잡자!"

암웨이 비즈니스는 이미 그러한 세계를 향해 힘찬 발걸음을 내딛고 있다. 암웨이는 본사가 있는 미국뿐만 아니라, 전 세계로 그러한 이념을 전파하고 모두가 잘 사는 사회를 지향하고 있는 것이다.

암웨이는 이미 세계인이 즐기고 있는 비즈니스이다. 그리고 세계에 널리 퍼져 있는 암웨이 IBO들은 모두 동료이고 같은 이념과 가치관을 공유한다.

암웨이의 기본적인 이념은 '다른 사람이 자신에게 해주었으면 하는 것을 자신이 먼저 다른 사람에게 해준다' 라는 것이다. 물론 어떠한 회사이든 '사람을 속여 돈을 벌자' 라고 내세우진 않는다. 겉으로는 모두들 그럴싸한 이념과 가치관을 내세우는 것이다.

그러나 실제로 회사가 내세우는 이념과 실천이 같은 경우는 드물다. 한 마디로 말해 겉과 속이 다른 것이다. 그리고 많은 사람들이 그러한 상황에 너무도 익숙해져 있기 때문에 암웨이의 이념을 들으면 그것을 진실로 받아들이지 못한다. 왜냐하면 자신이 지금까지 겪어온 회사가 그렇지 못했기 때문이다.

예를 들어 일반적인 기업에서는 비즈니스를 할 때 깎아주고 할인해주고 흥정하는 것이 상식으로 되어 있다. 그리고 그렇게 하는 것이 사업수완이라고 믿고 있다. 한 마디로 말해 '정직과 성실만으로는 인정받을 수 없다' 고 생각하는 것이다.

하지만 암웨이는 그렇지 않다.

암웨이에서는 흥정도 할인도 필요 없다. 그리고 이념과 실천이 같기 때문에 거짓말을 하지 않아도 된다. 즉, 비즈니스에 대한 이념과 삶의 이념이 같은 것이다.

나는 '암웨이란 무엇인가?' 라는 질문을 받았을 때, '꿈' 이나 '사랑' 을 들먹이지 않는다. 물론 종교도 아니고 그야말로 '비즈니스' 그 자체라고 대답한다.

사업을 전개했을 때, 수입을 올릴 수 있다면 당연히 비즈니스가 아닌가!

비즈니스를 전개하는 장소에 아이를 데리고 가는가? 지각을 하는가? 책임을 지지 않는가? 사업 약속을 어기는가? 적당히 해도 되는가?

이 모든 질문의 답은 '노'이다.

물론 취미로 암웨이를 하는 것도 좋다. 그러나 비록 취미일지라도 최소한 주위 사람들에게 피해를 입혀서는 안 된다. 다시 말해 부업이든 취미이든 암웨이 사업을 시작했다면, 기본적으로 암웨이의 이념과 가치관을 지켜야 하는 것이다.

사실, 나는 암웨이 사업이 이만큼 성장하게 된 배경에는 주부들의 힘이 크게 작용을 했다고 본다. 왜냐하면 주부들은 시간이 있고 또한 집안일에 얽매여 자신의 삶을 찾지 못하는 것이 아니라, 자유로운 활동을 통해 자아실현을 할 수 있는 기회를 원하기 때문이다.

그러한 주부들의 마음을 암웨이가 꿰뚫어본 것이다.

물론 처음에는 주부들에게 암웨이를 이해시키는 것이 어려웠다. 그때까지만 해도 남편들은 물론이고 주부들도 '여자는 집에서 집안일이나 하고 애나 키우는 것이 좋아'라는 생각을 갖고 있었던 것이다. 하지만 지금은 이러한 사고방식이 완전히 변해버렸다.

요즘에는 오히려 남편들이 '당신도 아르바이트를 하는 게 낫지 않아?'라고 권한다. 왜냐하면 지금은 혼자 벌어서 가족 모두를 먹여 살리기에 버거운 세상이기 때문이다. 그리고 사회적인 환경도 많이 변화했다. 장기적인 불황으로 인해 구조조정은 이미 일상화됐고 하나의 직업만으로는 현재는 물론이고 미래의 삶을 담보할 수 없기 때문이다.

그러한 현실이 많은 맞벌이 부부들을 탄생시켰지만, 사실 여성들은 어떤 일을 하든 집안일에서 완전히 벗어나기가 어렵다. 그렇기 때문에 여성들은 보통 집안일과 바깥일을 겸할 수 있는 직업을 원한다. 바로 그러한 욕구를 읽고 주부들에게 무한한 성공기회를 제공하는 사업이 바로 암웨이이다.

암웨이는 미국에서 시작한 비즈니스이다.

다시 말해 자유스러운 비즈니스이자 실적에 따라 정확한 대가가 주어지는 완전한 '실력의 세계'이다. 노력을 하면 노력한 만큼 대가를 얻을 수 있는 것이 바로 암웨이의 비즈니스 세계이다. 결코 일반적인 사업처럼 연공서열이나 학력, 직종 등에 따라 수입의 격차가 생기는 일은 없다.

암웨이에서는 전직을 하면 할수록 높은 수입을 얻을 수 있고 그 사람에 대한 평가도 높아진다. 그러나 일반적인 사업에서는 진직하면 할수록 월급은 낮아지고 인간의 가치까지 떨어지고 만다. 일반적인 사업의 이러한 시스템은 인간의 성장을 제한하며 삶의 꿈과 희망마저 잃게 만든다. 왜냐하면 열심히 일하면 일할수록 바보 취급을 받기 때문이다.

암웨이에는 학력도 자본도 경력도 특별한 기술도 그 무엇도 필요하지 않다. 그러나 노력하면 노력한 만큼 돌아오는 것이 있다. 바로 그것이 암웨이의 최대 매력이다.

AMWAY

7

이긴다고 믿지 않으면 이길 수 없다

멘탈 매니지먼트의 사고(후지이 마사루 / 사또꼬)

관리자인가? 아니면 지도자인가?

호경기 속에서도 사업이 잘 되지 않는 회사가 있는 반면, 불황 속에서도 성장하는 기업이 있다. 행운의 여신은 누구에게나 공평하게 미소를 보내지 않는 것이다.

비즈니스맨 중에서도 성공하는 사람과 그렇지 못한 사람이 있다. 그러한 차이는 왜 발생하는 것일까? 비즈니스로 성공한 사람들의 특징 중의 하나는 '일의 관리와 지도하는 것에 중점을 둔다'는 것이다. 언뜻 생각할 때, 같은 의미로 보이는 '관리'와 '지도'는 실제로 그 의미가 너무 다르다.

관리는 '누군가가 정한 것을 그대로 실행하고 있는지'를 체크하고 다른 방향으로 나아가지 않도록 감시하는 역할을 말한다. 그리고 지도는 '목표'를 보여주고 그 목표를 향해 사람들을 인도해 가는 것을 의미한다.

좀더 쉽게 말하자면 '관리자'는 사람을 지배해 움직이게 하는 사람이라 할 수 있고 '지도자'는 리더처럼 사람들의 선두에 서서 뒤따르는 사람들을 인도하는 존재를 말한다.

문제는 대부분의 사람들이 관리되는 것을 원치 않는다는데 있다.

사람들은 나름대로 스스로의 의지와 생각이 있으며 그것과 다른 것을 강요받고 명령받고 복종하게 되는 것을 좋아하지 않는다. 특히 관리는 인간의 자유를 통제하기도 한다.

그러나 다른 한편으로 사람들은 좋은 지도자를 만나 좋은 지도를 받기를 원한다. 자기 자신만의 방식으로 하는 것보다는 경험이 풍부하고 실력이 있는 지도자의 지도가 있으면 일이 훨씬 잘 풀릴 것임을 알고 있기 때문이다.

훌륭한 리더는 아무 것도 강요하지 않지만, 사람들은 그를 따르고 싶어한다. 즉, 사람들은 관리 받기를 원하는 것이 아니라 훌륭한 모범을 보이는 사람을 스스로 따르고자 하는 것이다.

암웨이 비즈니스를 시작하는 많은 사람들은 자신의 비즈니스를 시작하는 것, 즉 독립된 일을 하고 싶다는 생각에서 이 일을 시작하는 것이므로 결코 '회사에 고용되어 있다' 거나 '스폰서가 새로운 IBO에게 명령하는 관계' 는 원하지 않는다.

따라서 암웨이에는 관리자가 필요 없다.

필요한 것은 리더로서 훌륭한 모범을 보이고 암웨이 사업을 다른 사람에게 전달하는 방법을 가르치면 된다. 따라서 누구든 마음만 먹는다면 훌륭한 리더가 될 수 있고 또한 리더십을 발휘할 수 있다.

암웨이 비즈니스는 사람과 사람과의 만남을 통해 암웨이 제품의 우수성과 성공 시스템을 전하는 것을 기본으로 하고 있다. 따라서 암웨이에서 성공하려면 하나 하나의 만남을 소중히 하고 하나 하나의 제품을 전하는 것에 힘써야 한다. 그것을 반복적으로 되풀이하는 것이 성공비결인 것이다.

지는 것보다 이기는 것이 낫다

운동신경이 비교적 둔한 편이었던 나는 초등학생 때 달리기에서 언제나 꼴찌를 도맡아야만 했다.

그러던 어느 순간, 달리기에서 우승한 아이는 '대단하다'라며 영웅취급을 받고 꼴찌를 한 아이는 무시를 당해 비참한 기분을 맛보게 된다는 것을 알게 됐다.

야구를 해도 나는 늘 공이 잘 오지 않는 외야를 맡아야만 했고 그것도 어쩌다 한 번씩 날아오는 공을 떨어뜨리거나 다리 사이로 빠뜨리기 일쑤였다. 그런 일이 있을 때마다 나는 아버지에게 '나는 안 된다'라며 자조 섞인 푸념을 늘어놓았다.

그러면 아버지는 이렇게 나를 격려했다.

"그렇지 않단다. 너는 아직 네가 잘할 수 있는 것을 발견하지 못했을 뿐이야."

'좋아, 작은 공으로 안 된다면 더 큰 공에 도전해 봐야지.'

그래서 나는 배구를 시작했다. 하지만 행동이 민첩하지 못했기에 나는 늘 벤치신세를 면하지 못했다. 그리고 어쩌다 시합에 나가도 연신 실수를 저질렀다.

'나는 기본적으로 스포츠에 재능이 없나보다. 차라리 그만두자.'

내가 이렇게 생각하고 있던 어느 날, 친구로부터 라이플 사격에 대한 이야기를 듣게 됐다.

"라이플이 뭐야?"

"올림픽 종목으로 올라 있는 사격경기야."

"라이플을 하려면 키가 커야 하니?"

"그렇지 않아."

"그러면 빨리 달려야 하는 거야?"

"아냐. 뛸 필요는 없어. 그냥 서 있기만 하면 돼."

"그렇다면 힘이 필요한 경기로구나."

"힘? 그렇지 않아. 힘도 필요 없어."

친구의 말을 들은 나는 '이 정도라면 나도 할 수 있겠다' 라는 생각으로 쾌재를 불렀다. 빠르게 달릴 필요도 없고 힘을 써야 하는 것도 아니며 가만히 서서 쏘아 맞추는 것이 아닌가! 열심히 연습하면 올림픽 선수가 될 수 있을지도 모르는 일이었다. 나는 너무도 가슴이 벅차 올라 아버지에게 나의 기쁨을 전했다.

"내가 할 수 있는 스포츠를 발견했어요."

"정말 잘 됐구나."

그러더니 곧바로 최고급 도구를 구입해 주셨다. 뿐만 아니라 아버지도 나와 함께 라이플을 시작했는데 그 후, 아버지와 한 팀이 되어 시합을 벌이기도 했다.

1974년, 미국의 친구로부터 암웨이를 전해들은 나는 일본에서 이제 막 암웨이가 시작될 무렵 사업에 참여했다. 그는 학창시절에 알게 된 사격선수로 훗날 몬트리올 올림픽의 금메달리스트가 됐다.

그 당시, 나는 라이플 사격선수 생활을 그만두고 경기의 경험을 살려 경기용 라이플을 판매하는 점포를 경영하고 있었지만, 납품을 따내기 위해 사람들을 접대하고 그들의 비위를 맞춰주어야 하는 상황이었기에 육체적·정신적으로 지쳐가고 있었다.

너무 피곤해서 아침이 오는 것을 두려워할 정도였다. 그러던 중 올림픽 금메달리스트로 성장한 라니 밧샴을 8년 만에 만나게 된 것이다. 오랜만에 만난 우리는 그동안 나누지 못했던 이야기꽃을 피우며 시간 가는 줄 모르고 있었다.

"사업을 시작한 이후, 나는 몸도 마음도 지쳐버렸다."

"나 역시 과로가 원인이 되어 백내장에 걸린 적이 있어. 자네 이거 한 번 먹어볼래?"

"뭔데?"

"건강보조식품!"

그것은 바로 암웨이의 건강보조식품인 뉴트리션이었다. 그리하여 미국에 체류하는 동안, 친구가 권한 건강보조식품을 매일 복용했고 어느 순간 나는 몸의 컨디션이 매우 좋아졌음을 느끼게 됐다. 그래서 밧샴에게 나의 솔직한 경험을 털어놓았다.

"이거 아주 좋은데! 이걸 사서 일본에 돌아갈 때 가져가고 싶어."

"그것은 일반적인 약국에서 파는 것이 아니야."

"뭐라고!"

그때부터 나는 밧샴으로부터 암웨이에 대해 전해 듣게 됐다.

"내년에 암웨이가 일본에 진출한다고 하던데……. 자네도 일본에서 암웨이 사업을 해보는 것이 어때? 틀림없이 좋은 결과를 얻을 수 있을 거야."

"그래, 자네가 권하는 것이라면 한 번 해볼 만 하지. 좋아."

그리하여 나는 암웨이가 일본에 상륙하자마자 사업을 시작했다. 그런데 1979년 암웨이가 일본에 진출해 사업 설명회를 개최했지만, 건강보조식품에 대한 이야기는 전혀 없었다. 온통 세제에 대한 이야기뿐이었기 때문에 나는 크게 실망했다.

내가 직접 경험했던 건강보조식품의 효능을 잘 알고 있었기에 그 제품에 대한 확신이 있었고 또한 다른 사람에게 권하고 싶었던 것이다. 특히 그때 나는 일본체육협회의 올림픽 강화 코치(라이플 부문)를 맡고 있었기 때문에 사업을 떠나 선수들에게 건강보조식품을 먹여 한층 더 실력을 강화시켜야겠다는 생각을 하고 있었다.

물론 나는 그때까지도 스스로 암웨이 건강보조식품을 매일 복용하고 있었다. 왜냐하면 다른 사람에게 권하기 전에 나 자신이 먼저 그 효능을 느끼고 싶었기 때문이다. 그리고 시간이 흐르면서 점점 '이렇게 우수한 제품을 만들고 있는 암웨이는 정말로 대단한 회사이다' 라는 생각이 굳어져갔다.

사실, 우리는 일본의 제약 메이커로부터 여러 가지 의약품을 협찬받고 있었다. 그리고 일단 협찬을 받으면 선수들은 체력을 유지하고 건강을 지키기 위해 그러한 의약품을 복용해 본다. 나도 여러 가지 의약품을 복용해 왔다. 하지만 암웨이 제품은 그러한 약품과 비교가 되지 않을 정도로 우수하다.

일반적인 경우, 일본의 제약 메이커 제품도 나름대로 효과를 볼 수 있다. 그러나 시합을 앞두고 극도의 긴장감이 이어지면 몸이 이상해지고, 신경이 날카로워져 소화 흡수력이 떨어지기 때문에 어떠한 약품을 복용해도 효과가 없다.

그런데 암웨이 제품은 달랐다.

물론 올림픽 금메달리스트인 밧샴이 권한 것이기에 어느 정도 믿고는 있었지만, 실제로 내가 복용해 보니 암웨이 제품은 타의 추종을 불허할 만큼 우수했다.

그러나 그 당시 일본 암웨이는 아주 작은 회사였다. 취급하는 상품도 세제뿐이고 '언젠가는 건강보조식품도 취급할 것이므로 그때까지 세제만으로 그룹을 키우자'는 정도였다. 어쨌든 나는 본업이 따로 있었기에 암웨이에 대해 그다지 심각하게 고려하지는 않았다.

무엇보다 '사람들에게 겨우 세제 몇 개를 전달하는 것으로 무슨 사업이 되겠나?'라는 생각이 앞섰던 것이다. 총기 하나를 팔아도 몇 백만 원의 수익을 올릴 수 있었던 나에게 세제를 다루는 일은 아주 작은 사업으로 보일 수밖에 없었다.

멘탈 매니지먼트란?

일단 암웨이를 시작하긴 했지만, 나는 주변의 아는 사람이 '가스 레인지의 묵은 때가 지워지지 않는다'라고 불만스러워하거나 또 다른 문제를 제기할 때에야 '이걸 한 번 써봐요' 하고 권하는 정도였다. 적극적으로 제품을 전달하기 위해 애쓰지 않았던 것이다. 물론 모르는 사람에게 암웨이 사업을 들려준 적은 한 번도 없었다.

쉽게 말해 나는 케이크 가게 앞에서 곁에 있는 사람에게 '저 케이크 참 맛있어요' 라고 가르쳐주는 정도였던 것이다. 어쩌면 '백화점에서 어떤 물건을 보았는데 참 좋더라' 고 일러주는 정도였을지도 모른다.

물론 암웨이 제품에 대해서는 나 자신도 품질이 뛰어나다는 것을 경험했기에 다른 사람에게 그 사실을 알려주면 기뻐할 것이라는 사실은 알고 있었다. 그래서 어쩌다 기회가 닿을 때마다 주변 사람들에게 알려주곤 했다.

그런데 시간이 흐름에 따라 암웨이 사업에 관심을 보이는 사람이 생기고 그 사람이 또 다른 사람과 공감하는 사이 어느 새 네트워크가 넓어져 오늘에 이르게 된 것이다.

밧샴이 생각해 낸 '멘탈 매니지먼트' 란 '정신적인 부담을 극복하고 어떻게 승리할 수 있는가?' 에 대한 방법론을 말한다. 그는 뮌헨 올림픽에서 너무 흥분한 나머지 제 실력을 발휘하지 못해 은메달을 수상하는데 그치고 말았다.

　흥분을 하게 되면 어떤 사람도 정신상태가 불안정해지고 본래 지니고 있던 힘을 제대로 발휘할 수 없게 된다. 골프에서도 시작부터 실패해 경기 자체가 엉망이 되어 버리는 사람이 얼마나 많던가! 사격도 마음의 부담이 있어 압박을 받는다면 아무리 좋은 기술을 갖고 있어도 시합에서 절대로 이기지 못한다.

　그리하여 밧샴은 다음 올림픽 때까지 몸을 단련하는 것은 물론이고 마음을 컨트롤하는 방법을 익히기 위해 '멘탈 매니지먼트'라는 방법을 생각해 냈다.

　그는 올림픽에서 높이뛰기 선수에게 '점프할 때, 무슨 생각을 하며 점프를 하는가?' 그리고 수영선수에게 '물에 뛰어들기 전에 무슨 생각을 하는가?' 등을 질문해 그것을 바탕으로 공통점을 찾아냈고 하나의 결론을 이끌어냈다. 그런 다음 자신이 직접 그것을 실천해 1975년의 몬트리올 올림픽에서 우승했고 그 다음의 1980년 올림픽에서는 사전에 자신 있게 '우승한다'고 예고한 다음 정말로 우승을 했다.

　일반적으로 사격은 정신을 집중해 표적을 향해 총을 쏘는 경기이기 때문에 TV 카메라를 들이대면 '정신이 흩어진다'고 몹시 싫어한다. 하지만 그는 처음부터 '내가 우승할 것이기 때문에 카메라를 나한테 들이대도 상관없다'고 할 정도로 우승을 장담했다. 그리고 전미 선수권 대회에서는 경기 중에 자신의 맥박 수를 재기 위해 코드를 몸에 붙이고도 우승했다.

밧샴은 '승자는 왜 이기는가?' 에 대해 이렇게 말하고 있다.

"경기에 임하는 선수는 그냥 참가자로 끝날 수도 있고 아니면 승리자가 될 수도 있다. 물론 누구나 승리자가 되고 싶어한다. 한 가지 알려지지 않은 사실은 참가자의 5%가 모든 승리의 95%를 손에 넣는다는 것이다. 나의 경험으로 볼 때, 승자와 그렇지 못한 사람의 차이점은 단 하나 바로 '사고방식' 에 있다. 나는 내가 이길 것임을 확신한다. 처음부터 이긴다고 생각하는 것이다. 물론 승리를 확신한다고 해 모두 이기는 것은 아니다. 하지만 이긴다고 생각하지 않으면 처음부터 이길 가능성은 없다."

나는 밧샴의 이야기를 듣고 그것을 '일본의 사격선수들에게도 들려주고 싶다' 는 생각을 했다. 하지만 나는 성격상 남에게서 들은 이야기를 그대로 또 다른 사람에게 전달하지는 않는다. 먼저 스스로 실험을 해보고 또한 확인하지 않으면 확신을 갖지 못하는 것이다. 단순히 들은 것만으로 아는 척을 하는 것은 싫다.

그래서 일단 '멘탈 매니지먼트' 를 암웨이에 적용해 볼 결심을 했고 그 후에 선수들에게 일러주어야겠다는 생각을 했다. 우선 나는 '언제 어느 때까지 어떤 레벨에 오르겠다' 는 결심을 하고 '멘탈 매니지먼트' 의 원칙을 적용하기 시작했다.

그러자 실제로 목표가 차례로 이루어졌다.

그러한 사실에 놀라움을 금치 못했던 나는 암웨이 사람들에게 그

방법을 일러주었다. 물론 스포츠계에 있는 사람들에게도 기회가 닿을 때마다 '멘탈 매니지먼트'의 이야기를 들려주었다. 그러나 스포츠계의 사람들은 좋은 얘기를 들어도 자기 자신만 간직할 뿐, 다른 사람에게 그것을 가르쳐주지는 않는다. 성공요령을 자신만의 비밀로 간직하기 때문에 널리 전파되지 않는 것이다. 그러나 암웨이 IBO들은 예를 들어 10명에게 가르쳐주면 눈 깜짝할 사이에 500명에게까지도 전해진다.

그 후, 나는 '멘탈 비즈니스(승리하는 비결)'라는 책을 출판했고 광고를 일체 하지 않았기에 수백 권 정도 팔리면 다행이라는 생각을 하고 있었다. 특히 그 책은 내용만 간추려 정리한 것이었기 때문에 페이지도 얇았고 겉 표지도 요란하지 않았다. 하지만 출판사의 집계에 의하면 그 책은 한 달만에 거의 3,000권이나 팔려나갔다고 한다.

그런데 사격선수들이 읽어주었으면 좋겠다는 의도에서 집필된 그 책은 오히려 암웨이의 IBO들이 높은 평가를 하며 즐거 읽있다고 한다. 암웨이 IBO들은 자신이 좋다고 생각한 것은 다른 사람들에게도 알려주고 싶어하기 때문에 그 책에 대한 소문이 금방 퍼져버린 것이다. 그렇게 입에서 입으로 전파되는 구전광고의 속도는 가히 놀랄 지경이다. 암웨이 IBO들은 좋은 것이 발견되었을 때, 자신이 아는 모든 사람들에게 그것을 알려주기 때문이다.

흔히 스포츠맨은 마음이 넓다고 한다.

그렇지만 나는 그렇게 생각하지 않는다. 왜냐하면 승리하는 비결을 다른 사람에게 가르쳐주면 자신이 패배하게 되므로 그 비결을 철저히 숨기기 때문이다.

밧샴과 내가 처음으로 만난 것은 독일의 사격학교에서였다. 그때, 세계적으로 유명한 사격선수들이 모두 모여 있었는데, 유독 밧샴은 다른 모습을 보여주었다. 예를 들면 '이쪽을 이렇게 잡고 쏘면 좋지 않을까?' 라거나 '방아쇠를 당기는 타이밍이 좋았다' 는 식으로 다른 선수들에게 좋은 조언을 해주었던 것이다. 그리고 간혹 '나는 이렇게 생각하는데 자네는 어떤가? 혹시 더 좋은 생각이 있는가?' 라고 묻기도 했다.

그는 챔피언이 된 이후에도 자신의 장점을 다른 사람에게 서슴없이 가르쳐주었고 또한 끊임없이 자신이 알지 못하는 부분을 다른 사람들로부터 배우려는 노력을 기울였다.

어느 날, 나는 구소련의 사격선수들이 연습하는 모습을 지켜보고 있었다. 사격에서는 최고점이 '10점' 이고 '8점' 이 나오면 상당히 나쁜 점수라고 할 수 있다. 그런데 구소련의 선수들은 8점이 나왔을 때, '왜 8점이 나왔는지' 를 여러 가지 측면에서 분석하곤 했다.

하지만 그러한 행동에 동의하지 않는 밧샴은 이렇게 말한다.

"8점이 나왔을 때에는 곧바로 잊어버려라. 10점을 얻었을 때만 기억하고 어떻게 10점이 나왔는가를 철저하게 분석하라."

그런 다음, 10점이 나왔을 때의 자세를 몇 번이고 반복해 그것이 습관화되도록 연습하라고 가르친다. 구소련의 선수들은 실패했을 경우를 되돌아보고 다시는 실수를 범하지 않도록 열심히 분석했지만, 10점이 나왔을 경우에는 그 수준에 만족하고 '왜 그런 점수를 얻게 되었는지' 살펴보려 하지 않았다.

그러나 밧샴은 이렇게 주장했다.

"10점을 땄을 때의 자세를 철저히 몸에 익혀라. 10점을 딸 때의 느낌이 곧 성공의 느낌이다."

밧샴은 구소련의 코치에게 '선수들에게 8점을 땄을 때를 분석하도록 하는 것은 잘못된 것이다' 라고 조언해 주었지만, 그 코치는 그 의견을 받아들이지 않았다. 물론 소련은 그 시합에서 이기지 못했다.

지금까지 암웨이는 지속적으로 성장해 왔고, 암웨이를 모방하는 제품이나 시스템도 유행하고 있다. 이것은 곧 암웨이 시장이 갈수록 더 넓어질 것임을 의미한다. 왜냐하면 제품을 보는 소비자의 안목이 그만큼 높아졌다는 것을 뜻하기 때문이다.

암웨이는 TV를 통해 상품광고를 하지 않는다. 그럼에도 불구하고 소비시장은 꾸준히 넓어지고 있다. 그 이유는 무엇일까? 그것은 아마도 소비사의 인식이 높아졌기 때문일 것이다. 아무리 광고를 하지 않더라도 소비자들은 이제 좋은 제품을 알아볼 정도로 수준이 높아졌다.

위스키든 맥주든 혹은 자동차나 가전제품이든 기업이 아무리 온갖 광고를 통해 소비자를 현혹하려 해도 소비자들은 나름대로의 주관에 의해 제품을 선택한다. 얼마 전까지만 해도 소비자들은 '백화점에서 팔리는 물건이어야 좋은 물건'이라는 생각을 갖고 있었지만, 지금은 어디에서 팔리든 자신의 마음에 들기만 하면 그것을 구입한다.

이것은 결국 어떤 기업의 제품이든 '좋은 제품은 소비자가 선택하게 된다'는 것을 의미한다.

특히 오늘날에는 휴대폰은 물론이고 PC가 생활화됐기 때문에 하루 24시간 내내 시공을 뛰어넘어 좋은 제품을 선택할 수 있는 기회가 넓어졌다. 그리고 인터넷을 통해 자신이 필요로 하는 정보를 손쉽게 얻을 수 있으므로 얼마든지 제품을 비교 분석한 다음 우수한 제품을 선택할 수 있다.

이러한 시대적 변화는 암웨이 사업에 상당히 유리하다. 왜냐하면 암웨이는 제품의 품질이 뛰어나고 또한 시스템이 정교하기 때문이다. 한 마디로 말해 암웨이는 하이테크 시대에 더 강하다.

본업을 무시해서는 안 된다

10년 전과 달리 지금은 암웨이를 바라보는 사람들의 시선이 많이 달라졌다.

특히 '부부가 함께 사업을 할 수 있다'는 말에 대해 중년 남성들은 '말도 안 된다. 어떻게 마누라하고 함께 사업을 하는가'라고 받아들이곤 했지만, 지금의 20대와 30대들은 부부가 함께 일하는 것을 전혀

거리낌없이 받아들인다.

지금의 젊은 부부들은 늘 함께 있고 싶어하는 것이다. 그렇기 때문에 일도 함께 하는 것을 선호한다. 그래서 그런지 요즘에는 사내커플이나 비슷한 직업을 가진 사람들끼리 결혼하는 사례가 매우 많다.

암웨이의 성공 시스템은 수십 년간의 연구 끝에 만들어진 것으로 그것을 그대로 따라하기만 하면 누구든 성공할 수 있는 시스템이다. 즉, 오랜 연구와 분석과정을 통해 성공이 입증된 그야말로 '성공 시스템'인 것이다.

특히 암웨이의 IBO는 어떤 식으로든 손해를 보는 일이 없고 회사로부터 무리한 요구를 받는 일도 없다. 또한 소비자에게 나쁜 제품을 전달하고 그것을 그대로 방치하는 일도 없다. 암웨이의 제품은 비록 사용을 했더라도 소비자가 마음에 들지 않으면 얼마든지 반품할 수 있고 전액 환불해준다.

흔히 방문판매를 하게 되면 친구를 잃는다고 한다. 가가호호를 돌아다니며 물건을 판매하는 방문판매는 철저한 A/S를 등한시하기 때문에 소비자에게 피해를 입히는 사례가 많은 것이다. 예를 들어 제품이 말한 내용과 다른 경우도 있고 심지어 반품을 하려고 회사에 연락을 취하면 연락조차 되지 않는 경우도 있다. 그러나 암웨이는 일반 점포나 방문판매에서 취급하는 제품과 비교가 안 될 정도로 품질이 뛰어나며 반품도 자유롭게 이루어진다.

암웨이는 비교적 시간이 많은 주부들만 할 수 있는 일이 아니다.

시간에 쫓기는 샐러리맨도 얼마든지 암웨이 사업을 전개할 수 있다. 옛말에 '바쁜 사람에게 일을 시켜라' 라는 말이 있는 것처럼 사실, 바쁜 사람에게 일을 맡기면 한가로운 사람에게 일을 맡기는 것보다 더 빨리 충실하게 해낸다.

암웨이가 원하는 샐러리맨은 열심히 본업에 충실한 사람이다. 왜냐하면 그런 사람들은 어떤 일이 주어지든 열심히 하기 때문이다.

실제로 그러한 사람들은 확실한 그룹을 구축해 나간다. 본업에 충실하지 못하는 사람을 보면 대개 다른 일에서도 충실하지 못하다. 그렇다고 암웨이 사업을 위해 많은 시간을 투자해야 하는 것은 아니다. 퇴근을 한 다음, TV를 보던 시간이나 술 한 잔 하던 시간을 이용해 사업을 전개하면 된다. 중요한 것은 절대적으로 본업에 충실해야 한다는 점이다.

암웨이에서는 사람들과의 모임이 매우 중요한데, 그러한 모임도 회사 일이 끝나고 난 뒤 7시 30분부터 한 시간 정도만 충실하면 된다.

사실, 나는 암웨이를 시작하던 초창기에 약간의 실패를 경험했다. 암웨이로 어느 정도 수입이 생기게 되자, 나의 취미생활에 더욱더 많은 신경을 썼던 것이다. 그렇게 내가 본업인 라이플을 파는 일을 등한시하게 되자, 암웨이 사업까지 엉망이 되고 말았다. 물론 지금은 그러한 실수를 깊이 반성하고 본업에 충실하고 있다.

암웨이에서 배운 것은 자신의 사업에도 많은 도움이 된다. 암웨이의 IBO 중에는 성공자가 매우 많기 때문에 그들의 경험을 보고 배울 수 있는 것이다.

특히 암웨이는 시간과 맞교환해 돈을 버는 개념과 완전히 다르다. 즉, 한 달 내내 일해 일정한 급여를 받는 것이 아니기 때문에 얼마만큼 '효율적으로 일했는가'가 매우 중요하다. 한 시간을 일하더라도 제품을 많이 전달하거나 리더가 될 만한 사람을 가르쳤다면, 10시간을 일하고도 그렇지 못한 사람보다 더 많은 대가를 기대할 수 있는 것이다.

그러므로 효율적으로 일하라. 암웨이에서는 당신이 시간을 어떻게 사용하든 상관하지 않는다. 당신은 자유롭게 당신이 하고 싶은 시간에 마음대로 일할 수 있는 것이다.

암웨이는 평등하다

암웨이의 성공 시스템이 순조롭게 작동하는데 있어서 무엇보다 중요한 것은 바로 컴퓨터이다. 아마도 과학기술이 이 정도까지 발달하지 못했다면, 암웨이 역시 이 정도로 성장하지는 못했을 것이다.

컴퓨터가 없다면 전 세계적으로 수백 만 명이 넘는 IBO의 관리는 불가능해진다. IBO의 개별적인 포인트 계산이나 그룹의 실적을 집계하려면 반드시 정교한 컴퓨터 시스템이 갖춰져야 하는 것이다. 그렇기 때문에 소규모 회사가 아무리 암웨이를 모방하려 해도 전 세계적으로 막대한 데이터를 처리하고 있는 암웨이를 따라오기는 어려울 것이다.

　암웨이의 IBO들은 굳이 콩나물시루 같은 전철을 타고 출퇴근을 할 필요가 없다. 일하고 싶은 시간에 자유롭게 일하면서 일한 만큼 보상을 받을 수 있는 것이 바로 암웨이 비즈니스이기 때문이다. 무엇보다 좋은 것은 일한 만큼 평등하게 보상을 받을 수 있다는 점이다. 따라서 산간 오지에 살고 있는 사람일지라도 도시에서 활동하고 있는 사람과 마찬가지로 능력에 따라 차별 없이 보상을 받는다.

　또한 암웨이에서는 먼저 활동을 시작했다고 하여 우선적으로 성공할 수 있는 것도 아니고 나중에 참여했다고 해 성공하지 못하는 것도 아니다. 어디까지나 자신이 성공 시스템을 가르친 사람을 몇 명이나 독립시키느냐에 따라 수입이 달라진다.

　10년 전에 참여해 한 사람도 독립시키지 못한 사람과 1년 전에 들어와 10명을 독립시킨 사람의 수입은 당연히 10명을 독립시킨 사람의 수입이 많다.

　나는 지금 본업에서 성공할 수 있을 것인지 아닌지에 대해서는 그다지 관심이 없다.

　물론 그 이유에는 두 가지가 있다. 하나는 암웨이 사업을 통해 경제적, 시간적으로 자유로워졌기 때문이며 나머지 하나는 독립적인 사업자로서 개개인을 성장시키는 암웨이 시스템으로 인해 더욱더 성숙했기 때문이다.

　암웨이 IBO는 아무리 레벨이 높아져도 다운라인에게 명령하는 법이 없다. 일반 회사의 경우에는 부장은 과장에게 또 다시 과장은 부하에게 명령한다. 하지만 암웨이에서는 누구도 명령하는 사람이 없다. 예를 들어 그 사람의 본업이 사장이든 평사원이든 암웨이에서는 아무런 의미가 없다. 어느 대학을 나왔든 뒷배경이 어떻든 그것 역시 암웨이 사업과 관계가 없다. 암웨이에서는 누구든 평등하기 때문이다.

다만, 암웨이는 독자적인 평가기준을 통해 능력을 평가한다. 그러므로 일반 사회에서 비록 성공자의 위치에 있더라도 열심히 노력하지 않으면 암웨이에서는 결코 성공자가 될 수 없다. 어쩌면 샐러리맨 사회에서 20년 이상이나 일해 온 사람이 이제 갓 입사한 사람보다 암웨이 사업을 전개하기가 어려울지도 모른다. 왜냐하면 샐러리맨으로 오랫동안 생활해 온 사람은 직위나 위치를 생각하며 '명령하면 된다'는 의식이 강하기 때문이다.

암웨이 비즈니스의 독특성은 직접 경험해보지 않으면 이해하기가 어렵다. 한 가지 확실한 것은 암웨이에서는 누구나 출발선이 똑같다는 점이다. 그리고 성공자가 되는 것은 오로지 자기 자신에게 달려 있다.

선택의 범위가 넓어진다

암웨이를 시작하는 연령은 너무 젊은 20대보다 어느 정도 사회적 경험이 쌓인 30대가 바람직하다. 젊은 사람들은 마치 유행처럼 암웨이를 시작하지만, '꼭 해야 한다'는 절박감이 없기 때문에 금방 포기하고 만다. 그러나 30대는 그 누구보다 부업이나 부수입의 필요성을 느끼는 경우가 많으므로 안정적으로 비즈니스를 전개한다. 그 이유는 암웨이 사업으로 샐러리맨 생활의 결점을 보강할 수 있기 때문이다.

쉬운 예를 들어 부하들에게 한 번도 식사대접을 하지 않는 사람보다는 당연히 한 번이라도 더 식사대접을 하는 상사가 인기가 높게 마련이다. 그리고 그러기 위해서는 경제적인 여유가 있어야 한다. 특히 최근에는 주 5일제 근무로 여가시간이 그 어느 때보다 많아졌기 때문에 샐러리맨이 암웨이 사업을 전개하는데 상당히 유리해졌다.

일단 본업을 대신할 수 있는 부업을 하고 있으면 비록 샐러리맨 생활을 할지라도 당당하고 자신감을 가질 수 있고 또한 정년퇴직을 한 이후에는 쥐꼬리만한 연금으로 생활하는 것이 아니라, 암웨이 사업으로 벌어들이는 돈으로 풍요롭게 생활할 수 있다. 게다가 뜻하지 않게 구조조정 대상이 되어 회사를 그만두더라도 재취업을 위해 동분서주할 필요가 없다. 왜냐하면 암웨이에서 퇴근 후의 시간과 주말을 이용해 2년 내지 5년 정도 노력하면 시간적, 경제적으로 안정을 찾을 수 있기 때문이다.

또한 천재지변이나 뜻하지 않은 사고를 당해 일을 할 수 없게 될지라도 전혀 걱정할 필요가 없다. 당신이 일을 하지 못할지라도 당신

그룹의 다른 동료들은 계속 일할 것이므로 그룹에서 발생한 실적에 따라 당신의 통장에는 어김없이 보너스가 들어온다. 그렇기 때문에 당신의 그룹이 넓게 퍼져 있을수록 유리하다.

예를 들어 한 지역에서 재해가 일어나 일할 수 없게 되었을 경우에는 다른 지역에서 일하는 IBO들 덕분에 당신의 수입을 그대로 유지할 수 있다. 즉, 독립한 그룹이 여러 지역 내지 세계적으로 분포되어 있으면 한 지역에서 매출이 발생하지 않아도 그룹의 동료들은 여전히 일하고 있기 때문에 수입이 끊기는 일은 없다.

샐러리맨 생활을 그대로 유지하며 암웨이를 하는 것은 아주 재미있는 일이다.

하지만 어떤 사람들은 너무 샐러리맨 생활에 젖어버린 나머지 자유롭게 일할 수 있는 암웨이의 시스템에 적응하지 못하는 경우도 있다. 사실, 샐러리맨은 회사를 위해 자신의 모든 것을 투자하지만 회사가 그들에게 지불하는 것은 고정된 급여뿐이다. 게다가 정닌퇴직을 하기 전에 샐러리맨에게 문제라도 생기면 남겨진 가족들은 하늘이 무너지는 듯한 심정에 빠져들게 된다. 당장 먹고살 일이 문제이기 때문이다. 다시 말해 샐러리맨은 정해진 시간동안 일하지 않으면 돈이 들어오지 않는 것이다.

그리고 샐러리맨은 한 달 내내 열심히 일하든 아니면 적당히 일하든 벌어들이는 수입은 고정되어 있다. 어쩌다 승진을 한다해도 수입이 한꺼번에 많이 늘어나는 것은 아니다. 하지만 암웨이는 일하면 일한 만큼 정확하게 대가를 받는다. 즉, 대충 일하는 사람은 적게 받고 열심히 일하는 사람은 많이 받게 되는 것이다. 이것이야말로 진정한 평등이 아닌가!

암웨이에는 상사도 없고 부하도 없다. 따라서 명령과 지시 그리고 복종이 존재하지 않는다. 암웨이에서는 모든 사람들이 평등하기 때문이다.

또한 암웨이는 IBO만이 수준 높은 라이프스타일을 누리며 살아가기를 원치 않는다. 암웨이는 모든 사람들의 생활수준이 높아지기를 원하는 것이다. 따라서 암웨이 사업을 통해 꿈을 실현한 성공자는 사회에 눈을 돌려 어려운 사람들을 돕는데 앞장선다.

암웨이는 세상과 함께 하기를 원하고 또한 보통 사람들이 잘사는 사회를 지향하는 것이다.

나는 간혹 '암웨이를 하면 정말로 돈을 벌 수 있는가?' 라는 질문을 받곤 한다. 그러면 나는 이렇게 대답한다.

"주식이나 부동산 투자를 하는 것과 비교도 안 될 정도로 엄청난 수입을 벌어들일 수 있는 기회가 바로 암웨이 사업이다."

암웨이 사업을 시작하던 초창기 무렵, 나는 먼저 내 주변의 친구들에게 사업을 전달했기 때문에 내 그룹에는 남자들이 매우 많았다. 그런데 어느 순간부터 여성들의 참여가 눈에 띄게 늘어났고 꾸준히 지속하는 인내력에서 여성들이 앞서간다는 것을 알게 됐다. 아마도 여성들이 남성보다 인내심이 강한 모양이다. 어쩌면 남성들은 일상생활용품에 그다지 관심이 없기 때문인지도 모른다.

나는 암웨이 사업을 통해 그야말로 다양한 계층의 많은 사람들을 알게 됐다. 스포츠밖에 몰랐던 내가 암웨이 사업을 하면서 여러 세계의 사람들과 교류하게 된 것이다. 그렇기 때문에 암웨이 사업이 더욱 더 즐거운 것인지도 모른다.

상속이 가능하다

일상생활을 하면서 우리는 어차피 여러 가지 생활용품들을 사용하며 살아간다.

그리고 그러한 일상생활용품들을 암웨이 제품으로 바꿔나가는 작업만으로도 당신은 얼마든지 암웨이 사업을 전개할 수 있다. 그것만으로도 암웨이를 하는 목적이 되는 것이다. 단지 당신은 기존에 사용하던 제품을 품질이 뛰어난 암웨이 제품으로 바꾸기만 하면 된다. 그것이 곧 사업이다. 결코 무리를 해가며 다른 사람들에게 제품을 전달하고자 애쓸 필요는 없다. 특히 고마운 분들에게 설날이나 추석에 선물을 할 때, 암웨이의 건강보조식품을 전해주면 매우 기뻐한다.

그러한 노력만으로도 몇 년이 지나면 많은 사람들이 암웨이를 알게 되고 자신도 암웨이 제품을 사용하고 싶다는 사람들이 늘어간다. 즉, 아주 쉽고 편한 감각으로 사업을 진행할 수 있는 것이다.

그렇기 때문에 처음부터 본업을 그만두고 전업으로 암웨이 사업을 선택하는 것은 그리 바람직하지 못하다. 물론 그 동기가 나쁜 것은 아니지만 실업보험이 나오는 기간이나 퇴직금으로 생활할 수 있는 기간 동안 '암웨이 사업에서 성공하면 된다' 라고 생각하는 것은 곤란하다.

암웨이 사업은 결코 단기간에 승부를 낼 수 있는 사업이 아니다. 최소한 2년 내지 5년 정도 열심히 노력해야 한다. 그러므로 좀더 여유를 가질 필요가 있다. 물론 현재 하고 있는 일과 병행하는 것이 쉽지 않을 수도 있지만, 어쨌든 현재의 일로 생활의 안정을 유지하면서 암웨이로 부수입을 올리고 또한 미래의 안정까지 담보할 수 있는 것이므로 지금보다 더 노력할 필요가 있다.

그런 다음, 암웨이 사업으로부터 본업 이상의 수입을 얻게 되었을 때, 본업을 그만두면 된다. 그렇다고 그 기간이 너무 오래 걸리는 것도 아니고 많은 시간을 투자해야 하는 것도 아니다. 당신의 여가시간을 활용해 부수입을 올리고 미래의 안정도 유지할 수 있다면 꽤 괜찮은 투자가 아닌가!

그리고 당신이 열심히 노력하면 할수록 본업을 그만둘 수 있는 시기는 얼마든지 앞당겨질 수 있다. 특히 암웨이 사업을 하는 여성들 중에는 남편의 수입보다 많이 버는 사람들도 많다. 그러다가 남편도 조금씩 암웨이에 흥미를 갖기 시작하고 결국에는 부부가 함께 사업을 전개하게 된다.

그리고 부부가 함께 사업을 시작하면 두 사람의 경험이 한데 뭉쳐

지는 것이기 때문에 단순히 '1+1=2'의 효과를 기대할 수 있는 것이 아니라, 그 이상의 결과물을 얻을 수 있다.

사실, 나는 본업을 통해 수입이 늘어나자 그때까지 스포츠로 단련되었던 몸매에 점점 군살이 붙기 시작했다. 그리고 무리하게 일에 빠져들어 건강도 나빠졌다. 그때, 나는 이런 생각을 하게 됐다.

'만약 내가 쓰러진다면 이 가게는 문을 닫아야 한다. 구멍가게라면 어떻게든 아내가 꾸려나갈 수 있겠지만, 총포점은 그렇지 않다. 그러면 아내와 아이들은 어떻게 될 것인가?'

하지만 암웨이를 시작한 이후에는 그러한 걱정이 말끔히 사라졌다. 암웨이 사업은 아내도 얼마든지 할 수 있기 때문이다. 특히 암웨이는 자녀들에게 상속할 수 있기 때문에 더욱더 안심이 된다. 우리 부부가 만약 비행기 사고로 죽는다 해도 암웨이 사업을 우리 아이들에게 양도할 수 있기 때문에 내가 구축한 그룹에서 매달 정해진 보너스가 아이들의 통장으로 입금되는 것이다.

암웨이의 IBO는 독립사업자이다

암웨이의 IBO는 어디까지나 독립적인 사업자이므로 누구의 명령을 받을 필요도 없고 무엇이든 스스로 처리한다. 물론 혼자서 처리하는 일은 암웨이 사업 그 자체일 뿐이며 사업에 필요한 경리업무나 기

타 다른 업무는 회사에서 알아서 처리해준다. 게다가 컴퓨터가 발달한 시대이기 때문에 아무리 넓게 사업을 전개할지라도 그다지 부담이 되지 않는다.

그리고 암웨이에는 외상이나 어음거래라는 것이 존재하지 않는다. 따라서 암웨이의 성공 시스템을 철저하게 따르는 사람은 반드시 성공하게 되어 있다. 사실, 뛰어난 제품을 정확한 가격에 전달받는 것은 소비자에게 매우 좋은 일이다.

하지만 간혹 성공 시스템을 따르지 않는 사람들이 있기 때문에 암웨이에서는 모임에 많이 참석하도록 강조한다. 왜냐하면 모임을 통해 다른 사람들의 현명한 비즈니스 방법을 배울 수 있고 성공자를 보면서 '나도 반드시 성공해야지' 라는 의욕을 불태울 수 있기 때문이다.

암웨이의 IBO는 한 사람 한 사람이 경영자이다. 그리고 일하는 시간이 매우 자유롭다. 일반적인 회사에서는 보통 많은 사람들이 모여 정해진 시간 동안 일하지만, 암웨이에는 그러한 규칙이 없는 것이다. 그러므로 모임에 나가 동료들과 성공자들을 만남으로써 서로를 격려하고 열정에 전염되려는 노력이 필요하다. 암웨이 IBO는 비록 혼자서 독립적으로 일을 하지만, 결코 혼자가 아닌 것이다.

그리고 한 사람 한 사람의 노력이 하나로 집계되어 포인트가 되고 그로써 암웨이는 물론이고 IBO도 함께 성장한다.

일반회사에서는 보통 점점 지위가 올라갈수록 현장에 대해 피부

적으로 느낄 수 없게 된다. 하지만 암웨이에서는 새롭게 시작한 사람이든 아니면 오랫동안 경험이 쌓인 리더이든 언제나 현장을 누비고 다닌다. 즉, 소비자에게 있어서는 다이아몬드든 아니면 이제 막 들어온 초기 IBO이든 모두 같은 것이다.

특히 오늘날에는 살아 있는 현장의 목소리를 잘 듣는 것이 중요하며 암웨이의 모든 IBO들은 항상 현장과 밀착되어 있다. 특히 암웨이의 IBO는 자신이 곧 소비자이자 사업자이므로 현장감각이 뛰어나다. 따라서 언제나 새로운 눈으로 세상을 바라보게 된다.

암웨이는 종적인 조직이자 동시에 횡적인 조직이다. 그러므로 암웨이에서는 아무리 성공자일지라도 늘 현장에 머물러 있다. 그렇기 때문에 암웨이의 IBO들은 늘 활기차고 생명력이 넘쳐흐르는 것인지도 모른다.

목표를 정하고 행동한다

암웨이에서 성공하게 되면 본업에 대한 자세도 달라진다.

나는 암웨이 사업을 통해 개인사업의 편리성과 스스로의 의지에 따라 개성을 충분히 발휘한다는 것이 무엇인지를 알게 됐다.

샐러리맨의 경우, 앞으로 몇 년이 지나면 자신이 은퇴하게 되는지를 잘 알고 있다. 언뜻 보기에는 샐러리맨이 훨씬 더 안정적이고 좋아 보이기도 하지만, 어느 정도 정해진 앞날을 향해 가고 있을 뿐이다. 하지만 암웨이에는 '꿈' 이 있기 때문에 그야말로 한계가 없는 가능성에 도전할 수 있다는 매력이 있다.

따라서 나름대로 목표를 세우고 그 목표에 따라 행동하면 암웨이에서 반드시 성공할 수 있다. 예를 들어 미국의 케네디 대통령은 1963년에 '달에 사람을 보낸다' 는 목표를 선언했다. 그리고 그 하나의 목표를 향해 과학자를 비롯해 모든 부문의 사람들이 열심히 힘을 합쳤다. 그 결과, 꿈같던 목표가 실현됐다.

멘탈 매니지먼트에서는 반드시 목표를 정한다. 그리고 그것을 지속적으로 자기 자신에게 암시한다. 예를 들면 '언제까지 ○○가 된다' 라는 목표가 아니라, '나는 ○○이다' 라고 암시하는 것이다. 이미 마음 속으로는 그 목표를 달성한 모습을 상상하는 것이다.

자, 나의 목표는 '2004년 올림픽 사격챔피언' 이다.

나는 이것을 기록하고 날짜까지 적어둔다. 그리고 마음 속으로는 이미 챔피언이 되어 있다. 그런 마음자세로 나는 정해진 시간동안 열심히 연습한다. 이미 챔피언이 된 기분으로 즐겁게 연습에 임하면 게으름을 피우지 않게 된다. 그리고 챔피언답게 태도, 행동, 연습하는 모습이 바뀐다. 물론 시합에 나가도 긴장하지 않는다.

이때, 중요한 것은 반드시 기한을 정해야 한다는 것이다. 그렇지 않으면 얼렁뚱땅 넘어가게 되고 결국은 아무 것도 하지 않게 된다. 즉, '언제까지' 라는 기한이 없으면 계획은 무너지고 마는 것이다.

암웨이의 좋은 점은 '오는 사람 막지 않고 가는 사람 잡지 않는다'

는 점이다.

누구든 들어올 수 있고 또한 누구든 언제나 그만둘 수 있다. 암웨이에서는 누구든 자유로울 수 있는 것이다. 특히 암웨이에는 어떠한 위험도 없다. 물론 재고를 떠안을 필요도 없다. 그룹이 아무리 커져도 사무실을 임대해야 한다거나 창고를 늘려야 하는 것도 아니다. 항상 똑같은 상황에서 단지 수입만 늘어갈 뿐이다.

이제 나는 여유를 가지고 본업에 충실하고 있다. 왜냐하면 나는 암웨이 사업을 좋아하는 만큼 나의 본업 역시 좋아하기 때문이다. 암웨이는 나에게 그러한 자유를 누릴 수 있도록 해준다.